AF221579

Dinkelsbühl Geschichte *light* **Der Hexenwann**

Gerfrid Arnold

# Dinkelsbühl

## Geschichte *light*

# Der Hexenwahn

**Bibliografische Information der Deutschen Nationalbibliothek**
Die Deutsche Nationalbibliothek verzeichnet diese Publikation in der Deutschen Nationalbibliografie; detaillierte bibliografische Daten sind im Internet über dnb.dnb.de abrufbar.

Herstellung und Verlag: BoD – Books on Demand, Norderstedt

ISBN: 9783755713968

# Inhalt

**5**

**8**

# Das Hexenwerk lebt

Der *böse Blick* ist gefürchtet, der *Hexenschuss* ist jedermann bekannt, Magier treten in Shows auf, Halloween ist bei den Kids voll cool, Hexen und Zauberer haben in Märchen und Film einen festen Platz, okkulte Karten- und Phantasie-Spiele sind Zeitvertreib, im modernen Hexenkult sind spirituelle Zirkel und Satanisten über Ländergrenzen hinweg im Netz verbunden, die katholische Kirche hält am Exorzismus fest, eine Existenz des Teufels wird weltweit anerkannt.

Im Dämonenstaat, der Obrigkeit und Kirche schädigt, verlieh der Teufel Zauberern und Hexen mit dem Teufelspakt übernatürliche Kräfte. Noch vor einem Jahrhundert waren in Franken Abwehrpraktiken gegen den Schadenzauber der Druden üblich, und die unheimlichen Wesen, vor denen man sich hüten musste, hielten Sagen in Erinnerung. Wie stark der Hexenglaube um das Jahr 1775 in Dinkelsbühl verwurzelt war, berichtet der Jugendschriftsteller Christoph von Schmid in seinen *Erinnerungen aus meinem Leben*.

*Christoph von Schmid erzählt von seiner Tante* *Noch viel größer als vor Gespenstern war die Furcht der guten Base vor Hexen. Ihr, damals fast allgemein herrschender Aberglaube war in dieser Hinsicht grenzenlos. Sie glaubte, ein Weib, das eine Hexe sei, könne sich in jede beliebige Gestalt verwandeln, ja sich so klein machen, dass sie durch das Schlüsselloch in eine Stube hereinschliefen könne; sie könne zu Nacht durch den Kamin hinausfahren, und auf einem Besenstiel hoch durch die Lüfte auf den Blocksberg reiten.*
*Die Tante hatte manches bissige, als bösartig verschriene Weib in der Stadt im Verdacht der Hexerei. Als ich einst als ein kleines Knäblein, mit der Tante an einem Bäckerhause vorbei kam, flüsterte sie mir sehr leise in das Ohr, sie vermute, die Katze, die eben vor dem Fenster auf dem Bäckerladen an der Sonne lag, sei die Bäckerin, die sich so verwandelt habe, um sich recht bequem zu sonnen.*

Am Abende vor der Walpurgisnacht, sagte sie vertraulich und geheim zu mir, sie möchte in dieser gefährlichen Nacht, in der alle Hexen ausfahren, doch ruhig und ohne Furcht und Ängsten schlafen. „Sei also so gut", bat sie mich, „und stelle des Vaters Degen so auf dem Küchenherde auf, dass die Spitze hinauf gegen den Kamin gekehrt sei. Dann wagt es nicht leicht eine Hexe durch den Kamin herabzufahren und durch das Schlüsselloch in meine Kammer zu kommen, und mich in die Füße zu zwicken, wie es mir schon einmal eine gemacht hat." [...] Ich tat, was sie verlangte. Am folgenden Morgen sagte sie zu mir sehr erfreut: „Alles ist glücklich abgelaufen! Du darfst mir aber glauben, dass ich mit erschrockenem Herzen in die Küche gegangen bin; ich fürchtete, es könnte sich dennoch eine Hexe durch den Kamin herein gewagt, und sich dann an dem Degen angespießt haben. Gottlob, dass es nicht geschah! Da hast du den versprochenen Groschen."

Drei Hexen brauen einen Sud, eine Hexe reitet auf dem Teufel in Bocksgestalt zur Versammlung (17. Jh.).

# In Dinkelsbühl war es anders

Das Phänomen der nachmittelalterlichen Hexenhysterie ist vielschichtig, unter anderem verursacht durch Klimaverschlechterung und einhergehenden Missernten, die Erfindung des Buchdrucks und die Angst vor dem Weltende. Unerklärliches, wozu plötzliche Erkrankungen und die Wirkung von Giftstoffen zählten, wurde mit Zauberei und Hexerei begründet. Für Ärzte unerklärliche körperliche Gebrechen, eigentümliches Verhalten und ein schlechter Leumund trugen dazu bei, als Hexe oder Hexer zu gelten. Frauen waren wegen ihrer natürlichen Anziehungskraft, der Monatsblutungen und der mysteriösen Schwangerschaft, aber auch wegen ihres Sozialverhaltens und ihrer Kenntnisse von Haus- und Heilmitteln verdächtiger als Männer.

Allgemein wird von Jagd auf Hexen, von Frauenfeindlichkeit mit sexuellen Übergriffen, vom Verbrennen bei lebendigem Leib, der Hinrichtung missliebiger Personen, von sadistischer Folter, fanatischen Geistlichen und einer Bereicherung an Hab und Gut der Verurteilten berichtet. In der Reichsstadt Dinkelsbühl gab es weder eine Hinrichtungsautomatik noch Schauprozesse. Die Ratsherren urteilten in einem gründlichen Verfahren und nach damaliger Rechtsauffassung. Die Ratsjuristen richtete sich nach den Reichsgesetzen der Carolina, Folterungen fanden erst nach mehrmaligen Verhören, ausreichenden Verdachtsmomenten und nach Ratsbeschluss statt, Geldbußen wurden gemindert, wobei die Stadtkasse manchmal einen Teil der Unkosten trug, Kranke und Schwangere erhielten eine Schonhaft, Betten und Nahrung konnten auch von der Familie gestellt werden, von Verwandtenbesuchen wird berichtet. Frauen bekamen bei der Folterung besondere Kittel angezogen, eine einzige Frau wurde lebend verbrannt. In Dinkelsbühl ist statistisch keine Frauenfeindlichkeit erkennbar. Männer bezichtigten etwa genauso viele Männer wie Frauen der Hexerei, während Frauen doppelt so viele Frauen als Hexen angaben. Allerdings starben zehn

Frauen, dagegen nur zwei Männer. Der Dinkelsbühler Hexenwahn hatte seinen Schwerpunkt im 17. Jahrhundert, wobei es innerhalb eines halbes Jahrhunderts besagte 12 Todesurteile gab.

### *Geringe Macht der Kirchen*

Der Glaube an Magie und Geistermacht wurde durch die katholische und protestantische Lehre gestützt. Die Höllenangst vor dem Teufel und seinen menschlichen Helfern, die Mensch und Tier Schaden zufügten, saß tief. Dagegen halfen nicht nur Kirchgang und Gebet, sondern im Volksglauben auch ein Gegenzauber oder Teufelsbannerei. Die Heilung körperlicher Gebrechen war mit dem Glauben wie mit dem Aberglauben verquickt.

Während im allgemeinen Kirche und Obrigkeit bei der Hexenverfolgung eng zusammenarbeiteten, war die konfessionelle Einflussnahme in der evangelisch-katholisch gemischten Bürgerschaft der Reichsstadt Dinkelsbühl sehr begrenzt.

Bei den ersten Verfolgungsprozessen 1611-1613 regierte ein katholischer Rat, der sich gegenüber der überwiegend protestantischen Bürgermehrheit zu vorsichtigem Vorgehen gezwungen sah. Während die vom Rat unabhängige Evangelische Landeskirche Dinkelsbühl sich selbst verwaltete, unterstand die katholische Gemeinde dem Augsburger Bischof, beide Gemeinden hatten auf die reichsstädtische Politik kaum Einfluss.

In der Verfolgungswelle 1655-1663 waren die bikonfessionellen Kirchenverhältnisse dieselben, zusätzlich verhinderte der paritätische Friedensvertrag nach Beendigung des Dreißigjährigen Kriegs jeglichen kirchlichen Einfluss auf die Ratsregierung: Die Reichsstadt wurde von zwei gleichberechtigten, sich argwöhnisch beobachtenden Konfessionsparteien regiert, die dennoch den Stadtstaat funktionsfähig halten mussten.

### *Die Innenpolitik hat Vorrang*

Die Untertanen des Reichstadtstaats Dinkelsbühl glaubten an die Existenz Gottes, des Teufels und seiner Helfer, und im nachbarlichen Zusammenleben gab es Eifersucht und Ehebruch,

Neid, Streit, üble Nachrede und Beleidigung „Hexe" als alltägliche Schimpfwort. Auch auf dem Land konnten nachbarlicher Unfriede oder ein Gesundheitsproblem zu einer Hexereibezichtigung führen.

Für die Verfolgung von Hexerei und Teufelsbannerei war die obrigkeitliche Politik verantwortlich. In der katholischen Nachbarstadt Ellwangen war ein fanatischer Fürstpropst Gerichtsherr, und die Stadt Crailsheim wurde von Beamten des protestantischen Markgrafen von Brandenburg-Ansbach verwaltet. Dagegen saß in Dinkelsbühl der Innere Rat mit bürgerlichen Räten zu Gericht über Stadt und Land. Sie berieten im Sitzungssaal des Alten Rathauses, ob eine Anklage als Hexenwerk galt, sie entschieden über den Prozessverlauf, die Anwendung der Folter und das Strafmaß. Die soziale Verflechtung der Bürgerschichten und die verwandtschaftlichen Beziehungen zu Amtsinhabern und Ratsherren trugen zu milden Urteilen bei.

Für den Reichsstadtstaat Dinkelsbühl war der Hexenwahn ein Regierungsproblem, der Magistrat hatte eine Schutz- und Rechtspflicht gegenüber den Stadtbürger_innen innerhalb der Stadtmauern einschließlich der Stadtmark wie auch gegenüber seinen Landbürger_innen des territorialen Streubesitzes. Bei einer berechtigten Anklage forderte der Kläger vor dem Rat die Bestrafung wegen eines erlittenen Schadens, während im Gegenzug zu Unrecht Bezichtigte auf der Wiederherstellung der Ehre bestanden. Dem musste die Obrigkeit gerichtlich nachkommen. Bei den konfessionell kritischen Verhältnissen mit einer verfeindeten Bürgerschaft musste oberstes innenpolitisches Ziel sein, die Rechtsordnung einzuhalten und zugleich den brüchigen Sozialfrieden nicht zu gefährden. Der Rat reagierte mit maßvoller Zurückhaltung, nicht mit dogmatischer Verfolgung des Hexen- und Teufelswerks.

Gedankenloses Gerede verhandelte das Ratsgericht nicht als kriminelle Hexerei, sondern als ziviles Vergehen, weil kein nachweisbarer körperliche Schaden vorlag. Den zu Unrecht Verschrienen musste man wenigsten öffentlich Abbitte leisten und sich entschuldigen und deren Ehre und guten Namen wiederherstellen. In schwerer wiegenden Fällen wurden die Bezichti-ger_innen mit dem Pranger und der Halsgeige bei der Ratstrink-stube gegenüber vom Münsterportal oder mit Narrenhaus und Gefängnis bis hin zur Verbannung aus dem Staatsgebiet be-straft.

Die Dinkelsbühler Prozesse mit Todesfolge kamen unter Frem-deinfluss aus Ellwangen ins Rollen. Von den in einen Prozess verwickelten Personen verurteilte der Dinkelsbühler Rat etwa ein Zehntel zum Tod. Laut Dinkelsbühler Archivalien von 1550 bis 1700 erhielten 10 Frauen und 2 Männer das Todesurteil. Al-lein im großen Hexenprozess 1655/56 waren es sechs Frauen. Zählt man diesen Prozess, der von einer Frau ausging, als einen Prozess, waren es sieben Prozesse mit Hinrichtungen: Eine Frau wurde bei lebendigem Leib auf dem Scheiterhaufen verbrannt, acht Frauen und ein Mann wurden nach der Enthauptung zu Asche verbrannt, ein Mann durch den Strang hingerichtet, eine Frau starb vor ihrer Hinrichtung in ihrer Zelle.

### Das Dinkelsbühler Ratsgericht

Im Reichsstadtstaat Dinkelsbühl gab es keine Gewaltenteilung, es lagen die Gesetzgebung (Legislative), die richterliche Gewalt (Judikative) und auch die Durchführung (Exekutive) in der Hand der regierenden Ratsherren, dem Inneren Rat.

Das dinkelsbühlische Ratsgericht bestand ab der 1552 von Kai-ser Karl V. aufgezwungenen oligarchischen Verfassung bis zum Friedensschluss des Dreißigjährigen Kriegs – unterbrochen durch die schwedische Stadtherrschaft 1632-1634 – aus 15 ka-tholischen Ratsherren mit drei sich abwechselnden Bürger-meistern. Sie waren für die Hinrichtungen der ersten Prozesse von 1611 und 1613 sowie 1645 verantwortlich.

Nach dem Friedensschluss bestand ab 1649 eine paritätische Stadtverfassung mit zwei gleichberechtigten konfessionellen Ratsfraktionen. Zwei evangelische und zwei katholische Bürger-meister wechselten sich quartalweise in der Amtsführung ab, sodass es immer nur einen „Amtsbürgermeister" gab. Zwei Bür-germeister und zwei evangelische und zwei katholische Ge-heimräte bildeten den Geheimen Rat. Dem Inneren Rat, der in der wöchentlichen Ratssitzung auch zu Gericht saß, gehörten weitere fünf evangelische und fünf katholische Ratsherren an. Demnach setzte sich das Ratsgericht aus insgesamt 18 Herren zusammen.

### *Rechtsgrundlage war das „Peinlich Halßgericht"*

Zwei deutsche Dominikaner und Hexenjäger definierten das Hexenwesen 1486 im Druckwerk *Hexenhammer*, der über Jahrhunderte maßgeblich war. Ein Jahr später gestattete Kaiser Maximilian I. das *Verfolgen von Hexen,* und auf den Reichstagen zu Augsburg und Regensburg unter Kaiser Karl V. wurde dann 1530/1532 die *Carolina*, die *peinliche Gerichtsordnung,* ausformuliert und verabschiedet. Sie regelte im Heiligen Römischen Reich unter anderem die gesetzliche Folterung bei Verhören.

DasTitelblatt der „Carolina" in der Ratsbibliothek hat den handschriftlichen Eintrag *Gehört uff das Rathhaußen* (Ausgabe von 1569).

Dieses Strafgesetzbuch mit Strafprozessordnung bildete in der Reichsstadt Dinkelsbühl die Rechtsgrundlage bei Kapitalverbrechen, zu denen ab 1530/32 auch alles Hexenwerk, alle Zauberei und Teufelsbannerei zählte.

Ein auf das Wort *Hexe* weisender Zeigefinger, Zeichnungen und Unterstreichungen belegen die einschlägige Benutzung der Carolina.

***Aus der Carolina***
***Gefängnis*** Einzelhaft war bis zur Verurteilung üblich. In Dinkelsbühl konnten die Angehörigen sogar Bettzeug in das Gefängnis bringen, in einem Fall den Inhaftierten verkostigen und besuchen. *Und ist dabei sonderlich zu merken, dass* <u>*die Gefängnis zu Behaltung und nicht zu schwerer, gefährlicher Peinigung der Gefangnen sollen gemacht und zugericht sein.*</u>

***Folter*** *Die peinlich Frag soll nach Gelegenheit [Art] des Argwohns der Person viel, oft oder wenig, hart oder linder Ermessung eines guten, vernünftigen Richters vorgenommen werden. Und* <u>*soll die Sag [Aussage] des Gefragten nicht angenommen oder aufgeschrieben werden, so er in der Marter, sondern soll sein Sag tun, wo er von der Marter*</u> *gelassen ist.*

Eine gültige Aussage sollte gütlich erfolgt sein. Nach der peinlichen Befragung fand deshalb *nachfolgends weiter außerhalb Marter* eine gütliche Befragung statt.

***Widerruf*** Widerrief eine Person die erfolterte Aussage, erfolgte eine erneute Folter: *So der Gefangen der vorbekannten Missetat leugnet und doch der Argwohn [...] vor Augen wär, so soll man ihn wieder in Gefängnis führen und weiter mit peinlicher Frag gegen ihm handeln.*

Am Rand zeigt eine Hand mit den Worten „casum so" (dieser Fall ist so) auf eine, die gütliche Aussage betreffende, Zeile. Bei Bezichtigung weiterer Personen wurde auch gefragt, ob damit keinem Unrecht getan werde.

**Leumund** Der schlechte Leumund eines Verdächtigen spielte eine Rolle: Wenn man kein Geständnis hatte, *so soll man Erfahrung haben nach … argwöhnigen Umständen. Erstlich, ob der Verdacht ein solche verwegen oder leichtfertige Person von bösem Leumund und Gerücht sei, dass man sich der Missetat zu ihr versehen möge.*

**Gift** *Bekennt der Gefragt, dass er jemand vergift hab oder vergiften wöllen, man soll ihn auch fragen aller Ursachen und Umstände […] und wer ihm dazu geholfen oder geraten hab.* Zum Strafmaß eines Giftmords heißt es: *Tät aber ein solche Missetat ein Weibsbild, die soll man ertränken oder in ander Weg nach Gelegenheit vom Leben zum Tod richten. Doch zu mehr Furcht andern, sollen solche boshaftige, misstätige Personen vor der endlichen Todesstraf geschleift oder etlich Griff in ihre Leib mit glühenden Zangen gegeben werden.*

**Zauberei (Hexerei)** Zum Strafmaß heißt es: *So jemand den Leuten durch Zauberei Schaden oder Nachteil zufügt, soll man ihn strafen vom Leben zum Tod und man soll solch Straf mit dem Feuer tun.*

Die Verurteilung zum Schwert mit Körperverbrennung war ein Gnadenakt.

**Schriftliche Anklage** Man wollte leichtfertige Anklagen vermeiden. Es heißt, *dass er, der Ankläger, seine Artikel, die er beweisen will, ordentlich aufzeichnen lasse und dem Richter in Schriften überantwort.*

## Wie man in Dinkelsbühl verhörte

Bei Kriminalverbrechen, als solches wurde die Schadenhexerei angesehen, wurde das Geständnis Schritt für Schritt abgepresst. In Dinkelsbühl ist eine peinliche Befragung eines Verbrechers 1502 aktenkundig und erfolgte damit bereits vor in Kraft treten der Halsgerichtsordnung des Reichs. Sadistische Grausamkeiten sind in Dinkelsbühl nicht bekannt. Körperfolter wurde hier bis zur *Strengen Frag* angewendet, einer Winde zum schmerzhaften Hochziehen des Körpers. Dabei nahm man Rücksicht auf Kranke und Gebrechliche. In Dinkelsbühl lassen sich Verhörstufen feststellen, die im Einzelfall wohl nicht immer eingehalten wurde.

**1.** Zuerst wurde die verdächtigte Person in der Kanzlei des Alten Rathauses oder im Amthaus am Rothenburger Tor befragt. Kam es zur Untersuchungshaft, legte man sie in eine Kellerzelle des Amthauses oder in eins der drei Narrenhäuslein, die unter der einstigen Freitreppe des Alten Rathauses, bei der Ratstrinkstube und im Verwaltungshaus des Hospitals waren.

**2.** Sagte die Person nicht sofort aus, folgte das gütliche Verhör. Man machte deutlich, ohne Geständnis sei die von Gott eingesetzte Obrigkeit gezwungen, andere Mittel einzusetzen.

**3.** Als Druckmittel wurde bei einer weiteren gütlichen Befragung der Scharfrichter hinzugezogen. Gab die Person trotzdem auf den Fragenkatalog keine befriedigenden Antworten, wurde sie in Ketten gelegt.

**4.** Danach wurde die Angst vor Schmerzen gesteigert. Das nächste Verhör fand im Folterraum statt, dem *Drudengewölbe* über der Rothenburger Tordurchfahrt, wo der Scharfrichter die bereitgelegten Folterwerkzeuge zeigte und ihre Anwendung deutlich machte.

**5.** Üblicherweise wurden bei starkem Hexereiverdacht sämtliche Haare geschoren und der Körper auf Hexenmale untersucht, insbesondere auf der Herzseite und an den Geschlechtsteilen. In auffällige Hautverfärbungen stach der Scharfrichter eine Nadel: Trat kein Blut aus, war die Person mit dem Teufel im Bund. Letzteres ist in Dinkelsbühl nicht belegt.
In Dinkelsbühl erklärte sich 1611 eine Angeklagte bereit, ihren Körper *nackt* untersuchen zu lassen. Von einer anderen Frau ist bekannt, dass ein *Augenschein* in der Zelle vorgenommen wurde. Einmal ist das Abscheren der Haare als Vorschlag eines Stadtjuristen belegt.

**6.** Um ein Bekenntnis zu erzwingen, begann danach das peinliche Verhör. Hatte sich der Verdacht erhärtet, konnte der Hexe vor der Folterung einen *Torturrock* angezogen werden, ein schwarzes Kleid ohne Taschen, damit sie nichts Teuflisches verbergen konnte.

**7.** Die Gefangenen mussten durch Folterung neben ihrer Hexerei und Teufelsbuhlschaft auch die Namen ihrer Verführer_in und der Teilnehmer angeben. Vermutlich mussten sie beim Verhör auf dem Dinkelsbühler *Spitzigen Stuhl* sitzen.

**8.** Der erste Foltergrad war der *Daumenstock*, bei dem Daumen oder Finger zwischen zwei Eisenplättchen gelegt wurden. Diese wurden mit Flügelschrauben zugedreht, bis das Blut aus dem Nagel quoll.
Die Anwendung der ähnlich funktionierenden Beinschraube am Unterschenkel ist in Dinkelsbühl nicht aktenkundig.

**9.** Führte das alles nicht zur „Wahrheit", erfolgte das „Aufziehen", bei dem an die Füße leichte oder schwere Steingewichte gehängt wurden. Dass der Körper bei der *Tortur* mit Ruten blutig geschlagen wurde, ist in Dinkelsbühl nicht aktenkundig. Dagegen wurde von den Juristen 1655/56 von einer weiteren Körperfolter zweier Frauen abgeraten, weil eine erkrankt und von einer zweiten kein Geständnis zu erwarten war.

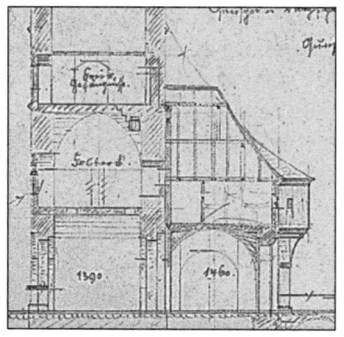

**Amthaus und Drudenhäuslein**

Die Hexen wurden im Amthauskeller am Rothenburger Tor oder in den drei Stuben des „Drudenhäusleins" gefangen gehalten. Im 1. Obergeschoss des Torturms befand sich das Foltergewölbe, im Vorbau das Drudenhäuslein. (Max Neeser, 1910, Stadtarchiv).

**Foltergewölbe**

Der Rothenburger Torturm mit Durchfahrt, darüber das Foltergewölbe und Gefängniszellen. Blickrichtung von innen stadtauswärts (Mader, Felix, Die Kunstdenkmäler von Bayern, Stadt Dinkelsbühl, 1931).

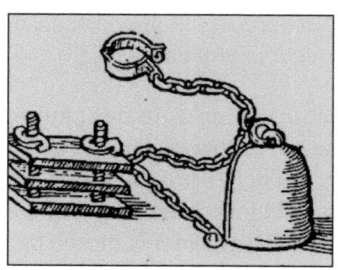

**Daumenstock, Halskette, Fußgewicht**

Daumenstock, Ketten und Gewichtstein (Bamberger Halsgerichtsordnung, 1510).

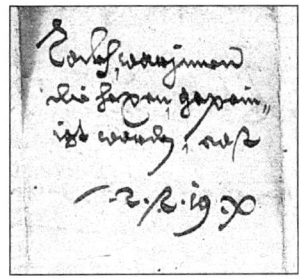

### Der Torturrock

1655 ließ man einen schwarzen Torturrock aus Lodenstoff anfertigen. Tuch und Näharbeit kosteten 2 Gulden 19 Kreuzer, etwa so viel wie 30 bis 40 Maß Bier: *Rockh, worjnnen die hexen gepainigt worden, cost 2 fl 19 X* (Akten, 1655).

### Der Spitzige Stuhl

Bei Umbauten des Gefängnisgebäudes am Rothenburger Tor wurden zwei Folterstühle gefunden. Einer wurde entrümpelt, der ältere Fund von 1930 ist aus Eichenholz angefertigt (Haus der Geschichte Dinkelsbühl).

Laut Verzeichnis der Prozessunkosten von 1655/56 kostete *der Spitzige Stuel* 1 Gulden und 30 Kreuzer (Akten, 1655/56).

### Die Strenge Frag

Die Bedienung der Winde beim *Torquiren*, besorgten die *Messer*, städtische Schrannenknechte, die dabei *Bier* tranken. Beim *leichten* Aufziehen wurden die Hände an den Handgelenken hinter dem Rücken zusammengebunden und daran der Körper an einem Seil, das über eine Rolle an der hohen Gewölbedecke lief, hängen gelassen. Zur Steigerung der Schmerzen wurden leichtere oder schwere Steine an die Füße gebunden. In Dinkelsbühl wurde die *Strenge Frag* mäßig eingesetzt. Weitere Qualen konnten mit ruckartigem Ziehen am Seil erzeugt werden, was in Dinkelsbühl nicht aktenkundig ist. Ebenso wenig bekannt ist eine Folterung von Frauen mit nacktem Körper.

In einem Kostenverzeichnis von 1656 heißt es, die Obrigkeit habe befohlen, das Amthaus, das Gefängnis und insbesondere die *Strenge Frag zu reparieren* (Akten, 1656).

Aufziehen mit Gewichten im Foltergewölbe (Peinliche Gerichtsordnung in der Ratsbibliothek, 1569).

Gewichtsteine im Fundus des Historischen Vereins Alt-Dinkelsbühl.

### Verfahrensweise beim Dinkelsbühler Hexereiprozess

In der Regel war die Gerichtsverhandlung ein Beratungspunkt einer gewöhnlichen Ratssitzung. Die von Bürger_innen oder dem *Schleifer,* dem Stadtpolizisten, erhobene Anschuldigung wurde vorgetragen, bei schwerwiegenden Vorwürfen war eine schriftliche Klage erforderlich. Die beschuldigte Person konnte eine Abschrift der Klage verlangen und ihre Erwiderung ebenfalls schriftlich einreichen.

Die Beteiligten und Zeugen wurden in der Rathaus-Kanzlei durch den Stadtschreiber und die Einiger, zwei zur Rechtsaufsicht und als Gerichtsherren bestimmte Räte, vernommen. Gegebenenfalls wurden die Akten in der Ratssitzung vorgetragen. Der Rat beschloss die Einstellung eines Verfahrens beziehungsweise das Strafmaß bei leichteren Vergehen. Bei der Festnahme konnte ein Beklagter in eins der drei Narrenhäuser oder in eine Gefängniszelle kommen. Auch besondere Maßnahmen wie Ankettung, Verpflegung und Gefangenenbesuche regelte der Rat.

Reichten die Verdachtsmomente für Hexerei aus, erhielten die zwei Ratsjuristen die Akten zur Beurteilung. In der paritätischen Verfassungszeit nach dem Dreißigjährigen Krieg gab es einen evangelischen und einen katholischen *Syndikus* oder *Konsulenten.* Jeder Jurist trug dem Rat seine Ansicht vor, die sich vor allem auf die Peinliche Halsgerichtsordnung Kaiser Karl V. und die Meinung anderer Juristen stützte. Dabei formulierten sie ihre Ansicht stets als Vorschlag für eine Ratsentscheidung. Für die Fortsetzung des Hexenprozesses war ein nachweisbarer Schaden erforderlich. Dann ordnete der Rat eine gütliche Vernehmung durch seine *Deputierten* im Amthaus am Rothenburger Tor an. Es waren dies der Stadtschreiber, der Ratsschreiber, die zwei Einiger und die zwei Ratsjuristen. Weitere Ratsherren, Ärzte und Geistliche konnten hinzugezogen werden.

Die Verhörergebnisse der gütlichen Befragung wurden dem Inneren Rat oder zuerst dem *Geheimen Rat*, bestehend aus den Bürgermeistern und Geheimen Räten, vorgetragen. Anschließend wurde die Ansicht der Juristen gehört. Meistens erfolgten mehrere gütliche Vernehmungen, ehe man das peinliche Verhör anordnete.

Bevor der Innere Rat ein verschärftes Verhör beschloss, wurden die zuletzt abgegebenen Bezichtigungen, Schuldgeständnisse und Widerrufe der inhaftierten Person vorgetragen. Erst wenn die Juristen versicherten, man könne und müsse aufgrund der Rechtslage die nächste Stufe des peinlichen Verhörs durchführen, stimmten die Räte zu.

Der Scharfrichter führte die Folterungen nach den Anweisungen der Juristen durch. Die so erpressten Geständnisse mussten allerdings am nächsten Tag ohne Zwang wiederholt werden, um der Peinlichen Halsgerichtsordnung und dem Gewissen der Räte zu genügen. Man wollte es *allerorts verantworten* können.

Ein Todesurteil wurde in drei aufeinanderfolgenden Sitzungen wiederholt beschlossen, wobei man auf Vollzähligkeit des Rats Wert legte und notfalls die Stimmabgabe daheim einholte: In der ersten Sitzung hörte man noch einmal die gütlichen und peinlichen Verhörprotokolle an, ebenso die Urteilsbegründung der Juristen. Nachdem Hinrichtung und Datum beschlossen waren, wurden die zwei Einiger, der Stadt- und der Ratsschreiber und die beiden Stadtknechte mit weißen Stäben zur *Armen Sünderin* in das Amthaus geschickt, um ihr den Rechtstag anzukünden. Dabei wurden ihre Missetaten laut und deutlich verlesen, sie sollte bestätigen, dass dies die Wahrheit sei und damit keinem Menschen Unrecht getan werde. Verweigerte sie das, konnte die Hinrichtung dennoch stattfinden. Ein geistlicher Beistand wurde ihr empfohlen.

Die zweite Urteilssitzung fand einen Tag vor der Hinrichtung statt. Noch einmal wurde der Fall beraten. Auch die an den Verhören beteiligten Deputierten wurden gefragt, ob das Gehörte stimme. Nun wurde vom Amtsbürgermeister dem Stadtwachtmeister für die Reiter und Musketiere, der Mauer- und Torwache, dem Wagenmeister und dem Scharfrichter befohlen, ihre Vorbereitungen zu treffen. Der Bauernvogt erhielt den Auftrag die Dinkelsbühler *Fraischgrenze,* die den Gerichtsbezirk markierte, abzureiten. Jetzt wurde ein zweites Mal über das Todesurteil abgestimmt.

Am Vormittag des Hinrichtungstags versammelte sich der Rat für den Prozess ein drittes Mal. Abermals wurde das Geständnis der verurteilten Person abgelesen. Die zwei Einiger mussten in ihrer Funktion als Gerichtsherren auf Eid noch einmal die Wahrhaftigkeit der Aussagen bestätigen. Mit der Ratsmehrheit wurde das Todesurteil rechtskräftig. Nun berichtete der Bauernvogt, dass er bei seinem Umritt nichts Auffälliges bemerkt habe. Der Stadtammann wurde gerufen, der Amtsbürgermeister übertrug ihm den Blutbann und übergab ihm zum Zeichen der Amtsgewalt einen weißen Stab.

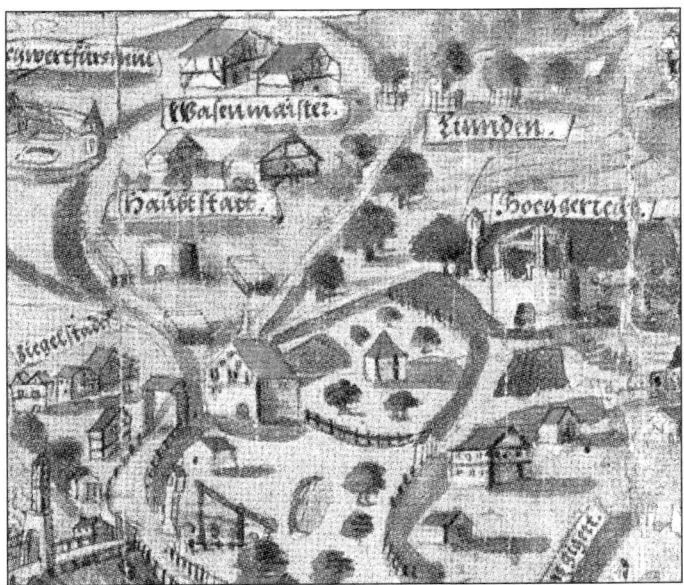

Köpfstock (Hauptstatt) und Hochgericht. Die Wörnitzbrücke mit Äußerem Tor ist in der linken unteren Ecke sichtbar (Gemarkungsplan, 1586).

Bis auf das Wörnitztor wurden alle Tore geschlossen und bewacht. Die Sünderin oder der Sünder wurde vom Gefängnisort zum Rathaus gebracht, vorneweg Reiterei, anschließend der Wagen mit der verurteilten Person, dahinter ritt der Ammann.

Wenn der Zug am Marktplatz bei der St. Georgskirche vorbei-
kam, läutete der Totengräber die Sturmglocke. Der Stadtwachtmeister hatte inzwischen auf dem Rathausplatz mit bewaffneten Bürgern einen Kreis gebildet, in den die verurteilte Person
geführt wurde. Nach der öffentlichen Wiederholung des Urteils
durch den Schleifer, den Stadtpolizisten, zerbrach der Ammann
als Vollzugsrichter den weißen Stab. Dann überwachte er die
ordnungsgemäße Hinrichtung durch den Scharfrichter am *Köpfstock,* auch als *Hauptstatt* bezeichnet, oder beim Hochgericht,
wo dieser den Scheiterhaufen vorbereitet hatte. Die Richtstät-
ten lagen auf der Höhe, wo einst die Straße nach Nürnberg ver-
lief, an der Bechhofener Straße beziehungsweise dem Mut-
schachweg.

**Was der größte Dinkelsbühler Hexenprozess 1655/56 kostete**
Ein mehrseitiges Kostenverzeichnis bei den Akten des größten
Dinkelsbühler Hexenprozesses schlüsselt auf, *was gemeine
Stadtkammer Dinkelsbühl auf die, den 14. Marty [März] Anno
1656 hingerichte 5 Unholden,* noch zu zahlen hat. Insgesamt errechneten die Stadtschreiber rund 499 Gulden, die von den Angehörigen erstattet werden sollten. Der Rat setzte jedoch die
Summe auf rund 390 Gulden fest, wozu der etwa gleiche Betrag
als Strafzahlung hinzukam. Auf Bitten der Hinterbliebenen gewährte man allerdings darauf einen Nachlass.
Für das Instandsetzen der Gefängniszellen, der Folterinstru-
mente *Spitzige Stuhl, Strenge Frag, Torturrock,* Ketten für Hand-
und Fußfesseln waren an den Hufschmied, Schlosser, Glaser,
Ofenbauer, Schreiner, Sattler sowie an Zimmerleute und Mau-
rer über 109 Gulden fällig.
Für den Gefängnisaufenthalt schoss die Stadt das Kostgeld vor,
bezahlte bei Krankheit den Arzt und den Apotheker. Für die Hei-
zung wurden 17 Fuder Brennholz geliefert, für die Beleuchtung
445 kleine und 15 große Lichter. Hinzu kam das Schließgeld für
die Gefängnisaufseher und für den Wasenmeister, der fünf Mal
den Abortkasten leeren musste.
Die Stadtknechte vertranken beim Bedienen der Winde zum
Hochziehen des Körpers an der Strengen Frag einen ¾ Gulden

*für Bier*. Dem Scharfrichter wurden 25 Gulden wegen *viele Mühe und Unkosten*s gegeben.

Auch die Ausgaben für den Hinrichtungstag wurden zusammengerechnet. Beim Transport der Hexen zum Altrathausplatz bekam der Totengräber von St. Georg für das Läuten der Sturmglocke 6 Kreuzer, der Stadtammann als Blutrichter erhielt 12 Kreuzer, das Verlesen des Geständnisses wurde ebenfalls mit 12 Kreuzern vergütet, das Holz für die Scheiterhaufen auf dem Galgenberg machte 6 Gulden. Den Scharfrichter entlohnte man für das Abschlagen eines Kopfes mit 3 Batzen, was für die fünf Hinrichtungen einen Gulden ausmachte, außerdem erhielt er für jede Köpfung ein Paar neue Handschuhe.

Schließlich schlugen noch die Trinkgelder zu Buche. Bei den Gerichtssitzungen im Rathaus wurde den Räten Tischwein gereicht. Die Reiter, die mit dem Bauernvogt die Dinkelsbühler Gerichtsgrenze abgeritten waren, die Hauptleute und Schützen, die für einen geordneten Ablauf und den Schutz der Zuschauer gesorgt hatten, bekamen in den Gaststätten eine Zeche bezahlt. Auch den Geistlichen spendierte man nach der Exekution Wein und einen Dukaten.

Der Hexenkuss (Guazzo, 1626).

# Ein aufschlussreicher erster Fall

*1557 Agatha Dietrich und ihre Töchter*
*… solche Krankheit von Gott oder bösen Leuten …*

**Bezichtigerin** *Frau des Bauern Georg Diemer*
**Ursache** *Krankheit*
**Urteil** *Unterlassung des Geredes*

Das heidnische Besprechen einer Krankheit mit Segenssprü-
chen war gang und gäbe, zudem hoffte man auf das kirchliche
Heil wie auch auf den ärztlichen Beistand. Der Fall gibt einen
Einblick in den Volksglauben.
Die in Langensteinbach lebende Witwe Agatha Dietrich hatte
die kranke Bäuerin Diemer wegen *guter Nachbarschaft* besucht. Diese hatte nämlich am Schenkel Schmerzen, und bat
nun die Dietrich, sie zu *segnen*. Die antwortete, sie kenne bloß
Segen für Rosse, hatte dennoch die Dietrich auf Verlangen an
mehreren Tagen damit besprochen. Einmal fragte sie der
Bauer, Georg Diemer, ob das Beinleiden angehext sei, und sie
antwortete, *ob sein Frau solche Krankheit von Gott oder bösen
Leuten hab,* dass wisse sie nicht.
Als Dinkelsbühler *Untertanin* klagte sie jetzt vor dem Rat aus
ihrer *Ehrn erheischender, unvermeidlicher Notdurft.* Sie war um
ihre und ihrer Kinder Ehre und guten Leumund besorgt. Nicht
zuletzt konnte es dabei auch um *Leib und Leben* gehen. Beim
Aufrichten eines neuen Stadels hatten Georg Diemer, dessen
Frau und ihr Sohn Hans sie öffentlich beschuldigt. Der Bauer
hatte behauptet, sie wolle seiner Frau das Bein lähmen, habe
einem Kalb Geißfüße angeschossen, drei Kälber erdrückt, Kühe
gemolken und mit ihren Töchtern, denen sie die Hexerei auch
lehre, jede Nacht auf dem Boden seines Sohnes getanzt. Dann

war noch Diemers Weib *herfürgewischt* und hatte gesagt, Agatha Dietrich und alle ihre Töchter *seien Unholden, das wisse sie gewiss*, insbesondere die Tochter zu Kaltenwag. Jetzt beantragte Agatha Dietrich in ihrer Klageschrift, die Familie Diemer solle Abbitte leisten, die Verfahrenskosten tragen und sie künftig in Frieden lassen.

Drei Hexen beim Mahl mit Schlange und Pilzen (Unbekannt, nach 1700).

Tatsächlich waren dem Bauern Georg Diemer zwei und seinem Sohn Hans drei schöne Kälber eingegangen, in ihren eingereichten Rechtfertigungsschriften stritten aber beide jegliche *Schmachred* ab. Alles sei von der Nachbarswitwe Agatha Dietrich *erdichtet*, er, seine Frau und sein Sohn Hans seien *vor Gott und der Welt unbillig bezichtigt* worden. Sie forderten eine Rücknahme der *arglistigen und unbegründeten* Behauptung wie auch eine Kostenerstattung, und wollten künftig von solchen Vorwürfen verschont bleiben.

Sie schilderten den Hergang dementsprechend ganz anders. Um Weihnachten verspürte die Bäuerin Diemer plötzlich an ihrem Schenkel *unmenschliche Schmerzen*, die täglich schlimmer wurden, obwohl äußerlich nichts zu sehen war. Sie glaubte, sie müsste *erlahmen*, und jeder, der sie sah, meinte, *sie sei durch ein böses Mensch verstört worden*.

Als erstes suchte der Bauer in Dinkelsbühl den Arzt Dr. Kymerlin auf, der den mitgebrachten Harn prüfte und danach meinte, er könne keine innere Krankheit feststellen.

Eine Hexe verursacht einen Hexenschuss am Fuß (Molitor, um 1500).

Daraufhin fragte Diemer den Pfarrer von Beersbach. Der hielt das Ganze ebenfalls für Hexerei und riet, *zu Wahrsagern oder dergleichen Leuten, die sich auf solche Sachen verstehen,* zu gehen. Da erinnerte sich die Bäuerin, dass ihre verwitwete Nachbarin Agatha Dietrich, für *dergleichen Krankheiten etliche Segen wiss, davon der Schmerz vergehe und nachlasse.* Die riet ihr, ein Heilbad zu nehmen, was die Bäuerin jedoch mit der Begründung ablehnte, eine andere Frau wäre nach einem solchen Bad verstorben, und ihre Krankheit komme von *bösen Leuten.* Daraufhin entgegnete Agatha Dietrich, sie könne ihr ebenso gut helfen wie ein Wahrsager, aber sie solle es niemanden erzählen, letzteres wiederholte sie 40 Mal. Sie kam dann auch an mehreren Tagen und sprach den Segen, doch die Schmerzen ließen nicht nach.

Nun suchte Georg Diemer eine Wahrsagerin in Westhausen auf. Die versprach mit *Gottes Hilfe zu helfen*. Die Bäuerin hielt sich an die Anweisungen und vorgeschriebenen Gebete, und ihre Schmerzen ließen wirklich nach, aber nach jedem Besuch von Agatha Dietrich verschlechterte sich ihr Zustand wieder. Dies berichtete Georg Diemer der Wahrsagerin, die erklärte, das alte Weib sei mit *viel teuflischen Künsten begabt*, Diemer solle deshalb Rat bei andern Wahrsagern suchen.

So begab er sich zum Wahrsager Hans Leyrer in Röttingen. Dieser bestätigte, er könne der Bäuerin helfen, selbst wenn *7 000 Teufel in der andern säßen*. Er schrieb einen Segen auf einen Zettel, den sich die Kranke um den Hals hängen sollte, und bereitete einen Trank zu. Außerdem musste sie drei Tage lang 15 Paternoster, 15 Ave Maria und 5 Glauben beten. Daraufhin ging es ihr besser.

Zuletzt wollte die Nachbarswitwe Agatha Dietrich die Kranke noch überreden, sich von ihr helfen zu lassen, *oder das Mark werde ihr aus den Beinen gesogen. Sie könne und wüsste viel wunderbärlicher Künsten*, und nichts habe sie mehr verdrossen, als dass nur eine ihrer Töchter von ihr habe lernen wollen, die in Kaltenwag.

Die Partei Diemer führte in ihrer Verteidigungsschrift weiter aus, dass Agatha Dietrichs Schwiegertochter die kranke Bäuerin einmal besucht habe. Sie erzählte, *ihr Schwieger und ihre Töchter seien Trutten*. Als sie bei ihr gewohnt habe, sei sie *von ihrer Zauberei krank geworden*. Außerdem sei sie ihrem andern Schwiegersohn, Leonhard Binz, *auch nit hold*. Sooft er dort übernachte, klage er morgens, *es hab ihm ein Unhold gedrückt*. Darauf habe die Bäuerin gesagt, dass Agatha Dietrich sie *mit unmenschlichen Schmerzen* liegen lasse, *das soll ihr der Teufel danken, sonst niemand*.

Der Rat ließ den Parteien mitteilen, die gegenseitigen Beschuldigungen zu unterlassen. Die eingereichten Schriften wurden dem Ratsjuristen zugestellt.

Weiteres ist zu dem Fall nicht bekannt (Akten, 1557).

# Die ersten Hexenprozesse
## 1611 und 1613

### 1611 Margrete Hürlbach
*… wöll sich nacket usziehn und besichtigen lassen …*

**Bezichtigerin** *Frau Glaser*
**Ursache** *Rachsucht*
**Urteil** *Unterlassung des Geredes*

Eine gewisse Frau Glaser erkrankte nach der Entbindung im Kindbett. Sie glaubte zunächst, die Docken Ketter sei daran schuld gewesen, weil diese *ihr Kindbettstroh ausgeleert und damit eingeheizt* habe. Aber als die Witwe Margret Hürlbach der Schwester von Frau Glaser die Freundschaft aufkündigte, beendete auch sie ihre Freundschaft mit ihr und behauptete nun, diese sei an ihrer Erkrankung schuld gewesen. Sie habe auch einmal Geräusche und Gespräche in deren Haus gehört, als sie sich eine Schaufel ausgeliehen habe.

Aufgrund des Geredes wurden Frau Glaser und Margret Hürlbach verhaftet. Zwei Männer gaben bei ihrer Vernehmung an, die Hürlbach habe etwas *in alten Lumpen in ihr Haus getragen*. Auch habe Hürlbachs Schwester erzählt, *ihrer Schwester Buhl* sei einmal in die Stube gekommen, *in Bauernhosen, hab das Maul aufgerissen und Feuer ausgespeit*. Margret sei *manchmal zwei Tag in dem Bett gelegen, unter dem Gesicht alles zerkrätzt und zerschlagen*.

Die inhaftierte Frau Glaser wurde gefragt, *ob sie darauf leiden wöll, dass der Teufel bei der Hürl Greten gewesen, oder sie ertrumet*. Und als man ihr nach dem gütlichen Verhör die Folter androhte, gab sie zu, sie habe Margret Hürlbach *aus Zorn* bezichtigt.

Der Teufel trat in verschiedener Gestalt auf. Als Bauer verkleidet trifft er seine Hexenbuhle (Molitor, um 1500).

Auch die inhaftierte Margret Hürlbach bestritt im Beisein des Scharfrichters alles. Sie gab lediglich zu, es *sei in ihrem Haus ein Poltergeist umgegangen*. Sie sei aber nicht *zerschlagen und zerrissen gewesen, wolle darauf sterben*. Zuletzt bot sie an, sich auf Verletzungen untersuchen zu lassen.

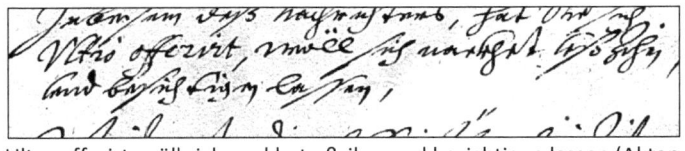

Ultro offerirt, wöll sich nackhet ußzihn, und besichtigen lassen (Akten, 1611).

Die Verhörprotokolle wurden dem Geheimen Rat vorgelegt und anschließend als ein *wichtig und hochbedenklich Werk* dem gesamten Rat vorgetragen. Amtsbürgermeister Michael Schad schlug vor, die zwei Frauen aus dem Gefängnis zu entlassen.

Dagegen hatte der Geheime Rat Bedenken, weshalb am nächsten Morgen noch einmal beraten werden sollte. Weiteres ist aber zu dem Fall nicht bekannt (Akten, 1611).

### 1611 Frau Lienhardt, Frau Englhardt
*… sie einander der Hexerei bezeigen …*

**Bezichtigerinnen** *Frau Lienhardt, Frau Englhardt*
**Ursache** *Frauengezänk*
**Urteil** *Verbannung aus dem Stadtstaatsgebiet*

Die zwei Dinkelsbühler Landbürger Bällin Lienhardt und Michl Englhardt wohnten mit ihren Familien in Wört. Beim Verprügeln seiner Ehefrau tat Lienhard *einen Missstreich, so er dem Weib gemeint,* und schlug das eigene Kind tot. Unabhängig davon bezichtigten sich die Ehefrauen von Lienhardt und Englhardt gegenseitig der Hexerei und wurden in Dinkelsbühl gefangen gesetzt.

Als beim Verhör der Totschlag des Kindes bekannt wurde, verhaftete man auch Bällin Lienhardt. Der Rat verurteilte ihn dazu, sein Hab und Gut in Wört zu verkaufen und das Dinkelsbühler Gebiet zu verlassen.

Seine Frau und Frau Englhardt wurden wegen ihrer gegenseitigen Hexereibezichtigung ebenfalls verbannt. Verbotener Weise kam Frau Engelhardt zu ihrem Mann nach Wört zurück. Daraufhin wurde das Ehepaar vom Wörter Vogt und einem Aufgebot aus dinkelsbühlischen Dorfbewohnern nach Dinkelsbühl ins Gefängnis geführt. Hiergegen protestierte der Fürstpropst und Ellwanger Stadtherr Johann Christoph von Westerstetten: Die Stadt Dinkelsbühl wisse sehr wohl, dass *die hohe malefizische*

*Obrigkeit* im Ort Wört beim Stift Ellwangen liege. Deshalb seien die beiden Frauen, die einander der *Hexerei* bezichtigten, wie der begangene Totschlag des Kindes nur durch seine weltlichen Beauftragten zu bestrafen. Der Vogt und die an der widerrechtlichen Festnahme beteiligten Dinkelsbühler Untertanen sollten sich in Ellenberg einfinden und die ihnen gebührende Strafe empfangen. Weiteres ist nicht bekannt (Akten, 1611).

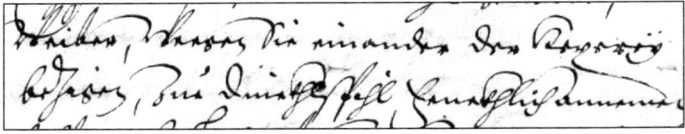

Weiber, Wegen Sie einander der Hexerey bezaigen, Zue Dinckhlspihl Fenckhlich Annemen (Akten, 1611).

### 1613 Der Fall der Schwestern Gaßner und Gurr (Kellerin, Dienstmagd Barbara zwei Alte Nachbarin Wirtin Tuchmacherin)
*… wegen des leidigen Wesens der Hexerei …*

Nach der Reformation gab es im überwiegend evangelischen Dinkelsbühl nur wenige katholische Frauen im Heiratsalter. Die Schwestern Catharina und Maria aus dem katholischen Ellwangen hatten 1609 eingeheiratet. Dort wurde zwei Jahre danach ihre Mutter unter dem Stadtherrn, Fürstpropst Johann Christoph von Westerstetten, hingerichtet. Sie hatte 40 Personen zur Hexerei verführt – auf dem Scheiterhaufen verbrannte fast ihre gesamte Verwandtschaft. Nun teilte man dem damals katholischen Dinkelsbühler Magistrat 1613 *Aussagen der allda wegen des leidigen Wesens der Hexerei verbrannten Unholden auf etliche ... misstätige Personen* mit, die in den Prozessen *besagt* worden waren. Die als Hexen verschrienen Dinkelsbühler Frauen waren dem Rat bereits bekannt, hatten aber bisher keinerlei Schaden zugefügt. So wurden nur die Schwestern Catharina Gaßner und ihre Schwester Maria Gurr aus Ellwangen verhaftet. (Extrakt der Ratsprotokolle, 1613; Akten, 1613.)

### *1613 Catharina Gaßner*
*... von ihrer Mutter verführt worden ...*

**Bezichtigerinnen** *Frauen im Ellwanger Prozess*
**Ursache** *Bezichtigung nach Folter*
**Urteil** *Scheiterhaufen*

Catharina Gaßner war etwa im sechsten Monat schwanger. Gegen sie lagen fünf *Besagungen* mehrerer Ellwanger Frauen vor – für eine Verurteilung und Hinrichtung auf dem Scheiterhaufen reichten vier aus. Ihre Sache stand hoffnungslos. Wegen *des schwangern Leibs* wurde von der Folter abgesehen, beim gütlichen Verhör gab sie sofort schwerste Hexereien zu.
Catharina Gaßner sagte aus, *wie und wann sie von ihrer Mutter verführt worden*, von Gott ab- und dem Bösen zugefallen war, und bestätigte die Aussagen der Ellwanger Frauen. Sie gestand

Hexenflüge sowie eine Hostien-Entehrung, *wie sie auch deswegen zu sterben begehre.* Sie bat darum, ihr Kind entbinden zu dürfen. Sie wurde Tag und Nacht bewacht, erhielt eine geheizte Unterkunft und bessere Kost als üblich.

Brandpfahl (Brandenburgische Halsgerichtsordnung, 1516).

Catharina Gaßner wurde am 24. Mai 1613 bei lebendigen Leib verbrannt. Die Verpflegung und die Geldbuße hatte der Rat mit je 100 Gulden veranschlagt, was von der Verwandtschaft innerhalb eines Monats zu bezahlen war. (Extrakt der Ratsprotokolle, 1613; Akten, 1613.)

### 1613 Maria Gurr

*… mit dem bösen Feind wöchentlich zu schaffen gehabt …*

**Bezichtigerinnen** *Frauen im Ellwanger Prozess*
**Ursache** *Bezichtigung nach Folter*
**Urteil** *Enthauptet, Leichnam zu Asche verbrannt*

Gegen die Schwester von Catharina Gaßner, Maria Gurr, Ehefrau eines angesehenen Dinkelsbühler Bürgers, lagen aus dem Ellwanger Hexenprozess drei *Besagungen* vor.

Frau Gurr wollte in ihrer gütlichen Befragung nichts bekennen. Nachdem man sie einmal ohne Fußgewichte an den zusammengebundenen Armen *aufgezogen und herabgelassen* hatte, gab sie zu, eine Hexe zu sein. *Sie wolle gern sterben* und mit ihren Bezichtigerinnen die *Sachen am Jüngsten Gericht austragen*. Sie bekannte, der *böse Feind* habe *Salbe* gebracht, mit der *sie ihr Kind geschmiert* habe. Der Teufel habe verlangt, *ihren Mann umzubringen*, stattdessen habe sie ihr *Kind umgebracht*. Tatsächlich fand man in ihrer Kammer ein Salbentöpfchen, das sie als das richtige bezeichnete.

Weil sie ihre Aussage widerrief, wurde sie jetzt *stark aufgezogen*. Nun gestand sie die schwersten Hexereien. *Sie sei von ihrer Mutter verführt worden*, habe *Gott und allen Heiligen abgesagt*, die Ellwanger Anschuldigungen seien wahr. Sie habe einen Ratsherrn *geschmiert*, der daran gestorben sei, ebenso *etliches Vieh*. Sie habe in *einen Trunk und Essen Gift getan*, und sie habe *Wetter gemacht*. Sie habe das *hochwürdige Sakrament* auf dem Hohen Rechberg *mit Füßen getreten*, es sei *ein solches Getümmel worden, sie vermeint, der Erdboden werde sich auftun*. Außerdem habe sie Geschlechtsverkehr und Hexenflug *mit dem bösen Feind wöchentlich* gehabt und ihrem Mann *ein Strohwisch* ins Bett gelegt, *damit er nicht erwache*.

Bei den Befragungen nannte sie weitere Frauen als ihre *Gespielschaften:* zwei Alte, ihre Dienstmagd Barbara und ihre benachbarte Freundin. Sie bestätigte dies alles gütlich, nachdem man sie mehr als fünfzig Mal ernsthaft ermahnt hatte, niemanden falsch zu bezichtigen.

Weil sie Hexereien in der fürstpröpstlichen Stadt Ellwangen gestanden hatte, sandte die Reichsstadt Dinkelsbühl ihr Geständnis dorthin. Sie erwiesen sich als unwahr, eine der Taten war bereits von einer hingerichteten Frau zugegeben worden.

### 1613 An Ellwangen gesandtes Geständnis

*1. Als Johanna Döbers Hausknecht zu Ellwangen, in ihrer Mutter [Maria Kucher], der Böckenbaltlerin Haus gezecht, von den Unholden viel geredet, sie ihm ein Trunk geben, zuvor darein ins Teufels Namen geblasen. Er darüber ausgesochtet [dahingesiecht], hernach aber verbrannt worden.*

*2. Herrn Dechants [Dekans] Magd Helena hab sie mit ihrer teuflischen Salb der Ursachen [aus dem Grund] geschmiert, weil es sie [diese] verdrossen, dass in ihrer Mutter Haus viel guten Muts fürgehn [ein lustiges Treiben herrscht].*

*3. Vor einem Jahr hab sie Stattschreiberin zu Ellwangen eine Kuh geschmiert, dass selbige anstatt der Milch Blut und Eiter geben.*

*4. Vor einem Jahr, ehe Caspar Ganzenmüller von Ellwangen nach Dinkelsbühl gezogen, ein Kind geschmiert, aber wieder gesund worden.*

*5. Gedachtem Ganzenmüller vor 2 Jahren einen Gaul hinter der Mauer geschmiert, darüber verreckt.*

*6. In Herrn Dechants zu Ellwangen Behausung den Schreibern [ ...] die Schuh geschmiert, dannenhero sie böse Füß bekommen.*

*7. Im ersten Jahr nach ihrer Verführung Melchior Reincken, Bäcken zu Ellwangen, das Nachtwasser [Urin im Nachttopf], darein sie ihr Salb gerührt, über den Kopf abgeschüttet. Ihm das Haar ausgefallen.*

*8. So hab sie Stadtschreiber daselbst vor einem Jahr sein jüngstes Kind geschmiert, dass es böse Augen bekommen.*

*9. Item Böcken Jörg daselbst, der zuvor krumm gewesen, geschmiert, darüber noch krummer worden.*

*10. Quintleiß Melchior daselbst, als er mit ihr scherzen wollen, den Kopf geschmiert, dass Ihm das Haar am Kopf und Bart ausgangen, dem es aber nicht, sondern einer Nätterin [Näherin], [die] dabei gesessen, vermeint [zugedacht] gewesen.*

*11. Hans Bauneckers Tochter Catherina, Veit Saxens Weib, als sie vor 2 Jahren schwanger gangen, mit ihrer Salb über den Bauch geschmiert. Darüber ihr das Kind abgangen.*

*12. Im ersten Jahr ihrer Verführung, Jörg Bezlern, Bäcken beim Jagsttor zu Ellwangen, den Kopf geschmiert, dass er ohnbericht [stumm] worden.* (Staatsarchiv Ludwigsburg, B 412, Schreiben vom 5./6. November 1613.)

Die gerichtliche Untersuchung der von Maria Gurr bezichtigten Dinkelsbühler Frauen verzögerte ihre Hinrichtung. Der Rat holte beim Eichstätter Hofrat und Rechtsgelehrten Bartholomäus Richel ein Gutachten ein. Ein dreiviertel Jahr danach, am 29. November 1613, wurde Maria Gurr mit dem Schwert geköpft und dann *auf dem Feuer zu Asche verbrannt.*

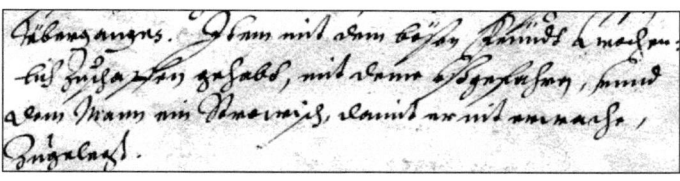

Brief Dinkelsbühls an den Rechtsgelehrten Richel vom 26. Februar 1613: Item mit dem bößen Feündt wochenlich Zuschaffen gehabd, mit deme Ußgefahren, Unnd dem Mann ein Strowisch, damit er nit erwache, Zugelegt (Akten,1613).

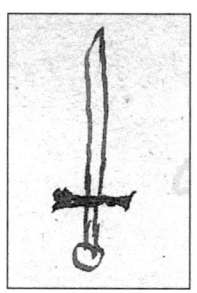

Richtschwert. Randzeichnung bei den Prozesskosten (Steuerbuch, 1611).

Ihre Begnadigung zum Schwert erreichte vermutlich ihr Mann, Thomas Gurr. Er wurde sechs Wochen nach ihrer Hinrichtung vom katholischen Rat zum Ratsherrn gewählt und heiratete kein halbes Jahr danach Bürgermeister Abelins Tochter. (Extrakt der Ratsprotokolle, 1613; Akten, 1613.)

**Bezichtigerin** *Maria Gurr*
**Ursache** *Bezichtigung nach Folter*
**Urteil** *Keines*

Maria Gurr gestand beim Aufziehen mit schweren Fußsteinen den Ehebruch mit dem Teufel, und weil sie argwöhnte, ihre Kellerin, die Hauswirtschafterin, könnte etwas gemerkt haben, verführte sie diese zur Hexerei. Sie berichtete Verschiedenes.
Sie, ihre Mutter und zwei befreundete, aber bereits verbrannte Personen reichten der Kellerin einen Trunk. Am nächsten Tag gab ihnen die Mutter Gift, das Maria Gurr und die Kellerin in eine *Maßkanne* taten, von der das Hofgesinde trank und ganz zügellos wurde. Tage darauf machten Maria Gurr, ihre Mutter und die Kellerin einen Flug in das Haus *eines Befreundeten*, um dort zu tanzen. Der Buhl der Kellerin erschien als *Sautreiber*.
Außerdem war Maria Gurr mit ihr auf dem Ellwanger Markt beim Tanz gewesen und hatten danach auf dem Heimweg bei der Gaißmühle *einen Tanz gehalten*. In derselben Nacht wollten sie dann noch einen Lehrbuben umbringen, konnten aber nicht zu ihm hinein, und *weil sie Übles stiften müssen,* hatten *sie ihren Hund zu Tod geritten.*
Die Kellerin machte auch mit ihr zusammen im Stadtgraben ein Unwetter. Und ein andermal fuhren sie in den Nachbarkeller, tranken dort Wein und nahmen eine Flasche mit heim, und die Kellerin hatte außerdem den Lehrbuben *gedruckt.*
Der Kellerin wurde kein Prozess gemacht. Dem Dinkelsbühler Rat genügte die unter Folter getane Aussage einer einzigen Person, Maria Gurr, nicht. (Extrakt der Ratsprotokolle, 1613; Akten, 1613.)

**41**

Hexenflug auf einem Ziegenbock mit Wettertopf in einer Ofengabel (Grien, nach 1500).

### 1613 Dienstmagd Barbara

*… hinter einen Holderbusch …*

**Bezichtigerin** *Maria Gurr*
**Ursache** *Bezichtigung nach Folter*
**Urteil** *Keines*

Nachdem Maria Gurr schwer aufgezogen worden war, beschuldigte sie bei einer gütlichen Befragung auch ihr *Dienstmägdlein Bärbelin.* Sie sei von Maria Gurr und ihrer Mutter vor dreieinhalb Jahren *verführt* worden. Ihr *Buhl sei Teufel Buser* gewesen, sie habe *Trutscher* geheißen.

Maria Gurr schickte sie mit einem Topf *mit allerlei Geblüt* in den Stadtgraben. Dort vergrub sie ihn *hinter einen Holderbusch,* worauf *ein solches Wetter erfolgt, dass alles daselbst herum erschlagen.*

Zusammen gaben sie einem Nachbarn einen gesottenen Fisch, der aber erbrach das Gift. Noch in der Woche vor ihrer Verhaftung gab Maria Gurr ihrer Magd eine Salbe, mit der sie die Kühe der Nachbarin schmierte, weil sie mit ihr stritt. Maria Gurr konnte aber nicht sagen, *ob die Kühe gestorben* seien.

Der Dienstmagd Barbara wurde kein Hexenprozess gemacht. Dem Dinkelsbühler Rat genügte die unter Folter getane Aussage einer einzigen Person nicht. (Extrakt der Ratsprotokolle, 1613; Akten, 1613.)

### 1613 Zwei Alte

*… bei einem teuflischen Tanz gesehen …*

**Bezichtigerin** *Maria Gurr*
**Ursache** *Bezichtigung nach Folter*
**Urteil** *Keines*

Nachdem Maria Gurr schwer aufgezogen worden war, beschuldigte sie bei einer gütlichen Befragung zwei Alte. Sie habe sie einmal bei einer Mühle *bei einem teuflischen Tanz gesehen.*
Die beiden Alten waren im Volk als Hexen verschrien, aber da beim Dinkelsbühler Rat keine schädlichen Taten angezeigt worden waren, hatte man über das Gerede nicht beraten. Auch jetzt wollte der Rat aufgrund der unter Folter gemachten Aussage einer einzigen Person nicht prozessieren. (Extrakt der Ratsprotokolle, 1613; Akten, 1613.)

**43**

### 1613 Die befreundete Nachbarin
*… dass er morgens nicht harnen können …*

**Bezichtigerin** Maria Gurr
**Ursache** Bezichtigung in Ellwangen und Dinkelsbühl nach Folter
**Urteil** Keines

Nachdem Maria Gurr mit Steingewichten an den Füßen aufge-zogen worden war, beschuldigte sie bei einer gütlichen Befra-gung ihre benachbarte Freundin, die bereits im Ellwanger Pro-zess als Hexe bezichtigt worden war.

Die Nachbarin und zwei weiteren Frauen machten mit Maria Gurrs Mutter eine Wallfahrt, danach aßen und tranken sie da-heim *in ihrem hintern Stüblein*, wobei die Mutter einen Trunk mischte, *davon sie aller wohl worden*. Als die Nachbarin abends wieder kam, stellten sie ihr einen *Buhlen* vor, sie hatte *dazu ge-lacht, Gott abgesagt und weil sie den Trunk getan, nicht mehr zurückgehen können*. Nach dem Tod eines Ratsherrn, hatten sie vor, dessen Frau und Schwester der Nachbarin, zu verführen, indem sie ihr einen *Umschlag* machen wollten. Aber weil sie nicht alleine waren, konnten sie es nicht tun. Bei einer gemein-samen Wallfahrt Maria Gurrs und der Nachbarin samt ihren Ehemännern nach Augsburg, gingen die Männer zu Fuß. Da setzte sich *der Böse zu ihnen auf die Kutsche* und verlangte, ihre Männer zu vergiften. Die Nachbarin gab *ihrem Mann in einer Taube ein Pulver zu essen*, er übergab sich aber. Und Maria Gurr druckte ihren Mann nachts, *dass er morgens nicht harnen kön-nen*. Einmal hatte sie ihrer Freundin eine Flugsalbe gegeben, *als sie miteinander auf den Wasen gefahren* waren. Sie und die Nachbarin versuchten weiter *Übles zu stiften*, sie wollten *ein Wetter machen*, das wurde aber *von andern verhindert*.

Hexen machen ein Unwetter mit Schlange und Hahn (Molitor, um 1500).

Der Rat war sich nicht sicher, ob man die Nachbarin festnehmen sollte, da sie nur von zwei Personen bezichtigt worden war, und holte beim Eichstätter Hofrat und Rechtsgelehrten Bartholomäus Richel ein *Gutachten* ein. Dieser hatte Bedenken, die Nachbarin wegen *Trutterey* jetzt schon zu verhaften, auch in Ellwangen würden zwei Besagungen nicht ausreichen.

**1613 Richels Gutachten** Er beantwortete die Anfrage, ob die Nachbarin *von Rechts wegen mög eingezogen und selbst darüber befragt werden*, vorsichtig. Er kann keine vorausgegangenen Verdachtsanzeichen sehen und hält die beiden Aussagen für nicht ausreichend. Seine Begründung: *Wie denn in solchen schweren Fällen allzeit der sicherste Weg zu erwählen, dass man noch zurzeit damit einhalten und erwarten soll, bis entweder auf sie mehrere denunciationes geschehen oder aber andre glaubwürdige Verdächtigkeiten sich erzeigen möchten.* Um dann *in diesem heimlichen und mit äußerlichen Sinnen schier unbegreiflichen*

*Laster mit der execution behutsam umzugehen.* Dies deshalb, weil das Laster durch eine Hinrichtung *weiter um sich fressen wollt.*

Auch in Ellwangen seien mindestens vier Besagungen für eine Verhaftung üblich. *Und obwohl die Nachbar- und Gemeinschaft … etwas beisetzen und die Nachbarin mit mehreren Verdacht graviren [belasten], so sind jedoch dieses so weite und fehlbare Vermutungen, dass auch manche Unschuldigen … leichtlich in bösen Argwohn kommen könnten.*

Deshalb riet er davon ab, *allein auf zwei Aussagen und ohne alle andere glaubhafte Anzeigungen und Verdächtigkeiten … mit Einziehen [Verhaftung], viel weniger peinlichen Anstrengen [Folter], … zu verfahren.* (Extrakt der Ratsprotokolle, 1613; Akten, 1613.)

Aufgrund dieser Einschätzung dürfte die Nachbarin nicht verhaftet und verhört worden sein.

## 1613 Die Wirtin und die Tucherin
*… bei teuflischer Gasterei …*

**Bezichtigerin** Maria Gurr
**Ursache** Bezichtigung in Ellwangen und Dinkelsbühl nach Folter
**Urteil** Keines

Nachdem Maria Gurr mit Steingewichten an den Füßen aufgezogen worden war, beschuldigte sie bei einer gütlichen Befragung auch zwei Frauen, die bereits im Ellwanger Prozess als Hexen bezichtigt worden waren. Die Ellwanger Anschuldigung besagte, dass die Nachbarin in der unteren Stube der Wirtsbehausung mit der Wirtin und einer Tuchermacherfrau *bei teuflischer Gasterei* teilnahmen. Die drei hatten auch in den Häusern *verstorbener Unholden* in Ellenberg bei Ellwangen *Gastereien, Tänze und Unholdenwesen* getrieben.

Auch diesen Fall schilderte der Rat dem Eichstätter Hofrat und Rechtsgelehrten Bartholomäus Richel zur Begutachtung. Dieser riet ab, sich nur auf zwei Aussagen zu stützen. (Extrakt der Ratsprotokolle, 1613; Akten, 1613.)

So dürften auch die Wirtin und die Tucherin nicht verhaftet und verhört worden sein.

Viereckiger Köpfstock (Brandenburgische Halsgerichtsordnung, 1516).

# Hexerei im Dreißigjährigen Krieg
## 1623, 1627, 1645

Im Dreißigjährigen Krieg regierte der Rat mit der 1552 von Kaiser Karl V. aufgezwungenen katholischen Verfassung über eine mehrheitlich evangelische Bürgerschaft. Längere Zeit gab es eine evangelische Ratsverfassung nur in der schwedischen Besatzungszeit Dinkelsbühls von Mai 1632 bis September 1634. Nach dieser Unterbrechung war wieder die katholische Verfassung in Kraft. Der Innere Rat, zugleich das Gerichtsgremium, bestand aus 15 katholischen Ratsherren, die drei Bürgermeister wechselten sich in ihrer Amtsführung ab.

Im Jahr 1641 wurde zwar zwischen Evangelischen und Katholiken ein Stadtfrieden geschlossen, der katholische Rat sollte die Evangelischen in allen Dingen gerecht behandeln. Es sollte alles, was während der Schwedenherrschaft geschehen war vergessen und eine freie Religionsausübung gewährleistet sein. Aber die Benachteiligung ließ nicht nach. Möglicherweise wurden evangelische Frauen der Hexerei beschuldigt.

*1623 Ein Hexenfall*

Der Hexenfall wird ohne zusätzliche Angaben genannt, weshalb wohl kein Prozess stattgefunden hat.

(Verschwundenes Ratsprotokoll; Notiz von Chronist Johann Matthäus Metzger, 1810-1815; Stadtarchiv-Vorlass von Dr. Ludwig Schnurrer.)

### 1627 Ein Hexenfall

Der Hexenfall wird ohne zusätzliche Angaben genannt, weshalb wohl kein Prozess stattgefunden hat.
(Verschwundenes Ratsprotokoll; Notiz von Chronist Johann Matthäus Metzger, 1810-1815; Stadtarchiv-Vorlass von Dr. Ludwig Schnurrer.)

### 1645 Hebamme Euphrosina
*... geköpft und hernach verbrannt ...*

**Bezichtiger_in** *Unbekannt*
**Ursache** *Vermutlich Kindstod*
**Urteil** *Enthauptung, Leichnam zu Asche verbrannt*
Die Beschuldigung der evangelischen Hebamme Euphrosina hängt vermutlich mit ihrem Beruf zusammen – vielleicht eine Totgeburt oder eine Missbildung des Kindes, weswegen sie *der Hexerei* bezichtigt wurde. Wenige Jahre vor Kriegsende wurde sie von der katholischen Ratsregierung *zur katholischen Religion gezwungen, geköpft und hernach verbrannt.* (Chronist Johann Matthäus Metzger, 1810-1815.)

Die Justizmittel in der Bamberger Halsgerichtsordnung (1510): Galgen zum Aufhängen, die rechteckige Köpf- oder Hauptstatt zum Enthaupten, der Scheiterhaufen mit Brandpfahl zum Verbrennen, Rad zum Aufflechten nach dem Brechen der Knochen (Rädern), Richtschwert zum Köpfen, Pranger mit Halseisen, Zwickzange, der Stäupbesen (Rute) zum Vertreiben aus der Stadt, ein Sitzstock für zwei zerstrittene Personen mit Beinlöchern und Halseisen, Daumenstock, ein Fußgewicht für das Aufziehen des Körpers, Aufziehgerät mit Winde.

# Vor der Hinrichtungswelle
## 1650, 1654

In Dinkelsbühl wurden nach dem Dreißigjährigen Krieg bis zur neunjährigen Hinrichtungswelle 1655 lediglich zwei Beschimpfungen vom Rat verhandelt. Dagegen gab es in der Region mehrere Prozesse, die beim Volk das Interesse für das Hexenunwesen wach hielten. So beispielsweise die Fälle in Nürnberg 1648, Schwäbisch Gmünd 1650/52, Ellwangen 1652/53, Ansbach/Lehrberg 1653 und Burgbernheim 1654.

*1650 Frau des Martin*
*... eine Hexe tituliert ...*

**Bezichtiger** *Sergeant*
**Ursache** *Schimpfworte*
**Urteil** *Gefängnis der Bezichtigten*

Ein gewisser Martin hatte Schulden bei Capitain Spörling gemacht, der nach dem Ende des Dreißigjährigen Kriegs Einwohner in Dinkelsbühl war. Nun erhob er für seinen Sergeanten im Rat Klage. Dieser hatte nämlich in seinem Auftrag wiederholt das schuldige Geld von Martin eingefordert, hatte ihn aber daheim nicht angetroffen. Stattdessen sah er auf dem *Tändel-Markt* dessen Weib, das ihn mit *bösen Worten* beschimpfte. Spörling ersuchte den Rat, sie zu bestrafen, andernfalls würde er es selbst tun.

Beim Verhör der Beteiligten stellte sich jedoch heraus, dass der Sergeant die Frau des Martin zuvor als Hexe beschimpft hatte. Der Rat beschloss dennoch sie zu bestrafen, weil sich die Schuldzahlung wegen des Gerichtsverfahrens verzögert hatte. Sie wurde *wegen ihrer bösen Worte* ins Gefängnis gesetzt.

Zugleich ersuchte man Capitain Spörling, er möge den Soldaten abstrafen, *weil er sie uf öffentlicher Gassen eine Hexen tituliert* habe. (Ratsprotokoll, 13. April 1650.)

### 1654 Frau von Bierbrauer Simon Buckel
*... seine Nahrung hierdurch gesperrt ...*

**Bezichtigerin** *Catharina Rieger*
**Ursache** *Hexereibezichtigung*
**Urteil** *Strafandrohung für Simon Buckel*

Der Bierbrauer Simon Buckel übergab dem Rat eine Klageschrift gegen Catharina Rieger, die seine Frau der *Hexerei* bezichtigt hatte. Daraufhin seien seine Einnahmen zurückgegangen, es würde *seine Nahrung hierdurch gesperrt*. Er bat um Erörterung der Sache.

Der Rat beschloss, dies dem Geheimen Rat zu überlassen. Es erfolgte ein Kanzleiverhör der Beteiligten, danach wurde ein Gerichtsbescheid erteilt. Die Klage gegen Catharina Rieger wegen Hexereibezichtigung wurde abgewiesen, womit Simon Buckel und seine Frau nicht einverstanden waren. Sie baten um eine Abschrift von Catharina Riegers Aussagen. Dem stimmte der Rat zu, und übergab ihr im Gegenzug Buckels Klageschrift.

Hierauf reichte die angeklagt gewesene Bezichtigerin Catharina Rieger ihre Verteidigungsschrift gegen Frau Buckel ein, die auch davon eine Abschrift erhielt. Als sich der Bierbrauer Simon Buckel weiterhin nicht zufriedengeben wollte, drohte ihm der Rat eine Bestrafung an.

Der Vorfall ereignete sich im Jahr vor dem großen Dinkelsbühler Hexenprozess 1655/56, bei dem eine Catharina Rieger erneut beschuldigt und die Frau des Lichtermachers Simon Buckel hingerichtet wurde. Möglicherweise handelt es sich um dieselben Personen. (Ratsprotokoll, 16. Juni, 26. Juni, 14. Juli 1654.)

Hexe mit Teufel (Burgkmair, um 1500).

# Die Hinrichtungswelle
## von 1655 bis 1663

***Stadtverfassung und Konfessionsverhältnisse*** Mit Ausnahme der schwedischen Besatzungsjahren 1632 bis 1634 galt seit 1552 in der Reichsstadt Dinkelsbühl eine vom Kaiser aufgezwungene katholische Ratsverfassung, obgleich über Zweidrittel der Bürgerschaft evangelisch war. Nach einhundert Jahren endete sie nach dem Friedensschluss des Dreißigjährigen Kriegs. Gezwungenermaßen gestand der regierende katholische Rat 1649 im reichsstädtischen Paritätsvertrag den Evangelischen die religiöse und politische Gleichstellung zu. Aber erst in weiteren Friedenschlüssen und Rezessen errangen die Protestanten 1654 die wirkliche Parität als konfessionelle Ratspartei. Die Ratsstellen und öffentlichen Ämter wurden in gleicher Anzahl von beiden Konfessionen besetzt. So waren je ein evangelischer und katholischer Ratsherr die gewählten Gerichtsherren, die sogenannten *Einiger*, und auch die zwei Ratsjuristen waren evangelische und katholische *Consulenten*. Wichtige, von einer Person zu besetzende Ämter wurden konfessionell abwechselnd ausgeübt, die weiteren Ämter wurden ihrer Bedeutung nach gewichtet vergeben. Den beiden Konfessionen stand die gleiche Ratsherrenanzahl im Inneren Rat zu, der auch das Gerichtsgremium war, wobei sich die zwei evangelischen und zwei katholischen Bürgermeister vierteljährlich in der regierenden Amtsführung abwechselten. Sie bildeten zusammen mit den zwei evangelischen und zwei katholischen Geheimräten den Geheimen Rat. Im Inneren Rat saßen weitere zehn Ratsherren, fünf von jeder Konfession. Demnach bestand der

Innere Rat aus neun evangelischen und neun katholischen Rats-
mitgliedern, was zwei verfeindete Ratsteile ergab. Als Fraktio-
nen vertraten sie konfessionelle Interessen, was bei gleicher
Stimmenzahl eine Blockade vorprogrammierte.

So heißt es im 1654 erneut geschlossenen Stadtfriedensrezess,
dass seit zwei Jahren keine herkömmliche Ratssitzung mehr
stattgefunden habe und dadurch *gemeine Stadt allhier sehr zer-
rüttet worden* sei. In der Regel fanden die Ratssitzungen Mon-
tag- und Freitagvormittag statt.

**Die Gerichtsorgane** Es gab ein städtisches *Hexenregister* mit
verdächtigen Personen. Bei der Erstbefragung spielte auch der
Leumund eine Rolle für den Beschluss. Das Verhör wurde in der
Regel von vier deputierten Personen durchgeführt, den zwei
*Consulenten als* Rechtsberater des Rats und Bevollmächtigte
für städtische Rechtsgeschäfte und den zwei *Einigern* als Gerichtsherren gewählte Räte. Bei Bedarf wurden weitere Ratsherrn als Deputierte abgeordnet. Die Einiger hielten wöchentli-
che Rechtstage ab, waren für den ordnungsgemäßen Ablauf eines Verfahrens zuständig und trugen bei leichteren Rechtsfäl-
len ihre Urteile dem Rat zur Bestätigung vor.

Der Scharfrichter wurde nach einem gütlichen Verhör geholt,
um Aussagen mit seiner Anwesenheit, den Folterwerkzeugen
beziehungsweise einer peinlichen Befragung zu erzwingen. Das
Verhörprotokoll schrieb der Stadtschreiber oder Ratsschreiber.
Bei leichteren Fällen konnte der Geheime Rat vorgeschaltet
werden, doch  bei Prozessen fällte die Ratsversammlung nach
Anhörung der Juristen das Urteil. Für den ordnungsgemäßen
Vollzug des Blutgerichts war der *Stadtammann* als reichsstäd-
tisch eingesetzter Richter verantwortlich, die Exekution vollzog
der *Scharfrichter,* auch *Nachrichter* genannt.

**Zu den Quellen** Die erste Darstellung des größten Dinkelsbühler Hexenprozesses 1655/56 brachte Stadtsenator Johann Matthäus Metzger in seinen *Beiträgen zur Geschichte* … 1810-1815 und in seinen Er-
gänzungen im zweiten Band sowie in den angehängten Beilagen. Seine
stark gekürzte Darstellung der Protokolle enthält einige Irrtümer. Zusätzlich zitierte er aus verschollenen Chroniken. Metzgers Darstellung

veröffentlichte Joseph Greiner in seinem Beitrag *Hexenprozesse in Dinkelsbühl* 1929 in der Zeitungsbeilage *Alt-Dinkelsbühl* nahezu wörtlich. Darauf bezog sich dann die Auflistung in der *Hexenkartothek*, die der *Reichsführer SS* und *Reichsminister* Heinrich Himmler in einem Sonderauftrag zusammenstellen ließ. Erstmals transkribiert liegen die Protokolle des Inneren Rats, des Geheimen Rats und die Ratsprotokoll-Extrakte der Jahre 1542-1707 in meiner Publikation *Hexen und Hexer in Dinkelsbühl*, 2006, vor. Die Prozessakten zu diesem Fall sind verschollen, sie wurden noch im Jahr 1656 aus der Stadtregistratur geholt und vom Geheimen Rat in einer kleinen Truhe im Ratssaal in Verwahrung genommen. Vermutlich, weil sie Aussagen über die Hexerei zweier Ratsfrauen enthielten, denen kein Prozess gemacht worden war.

### 1655/56 Der große Hexenprozess
*… vom Leben zum Tod und auf den Scheiterhaufen gebracht …*

### Die Hauptbeteiligten:
### Goldschmiedefrau Sibilla Bidermann
### ihre Mutter Margaretha Link
### ihr Ehemann Goldschmied Johann Peter Bidermann

**Erstbezichtiger** *Goldschmied Johann (Hans) Peter Bidermann bezichtigt seine Frau des Giftanschlags.*
**Bezichtigerin** *Sibilla Biedermann, Frau des Goldschmieds, bezichtigt ihre Mutter, die Metzgerfrau Margaretha Link (sogenannte Metzgers May), ihre Schwester, die Ratsfrau Ursula Strölein, die Ratsfrau Laur, die Lichtermacherfrau Margaretha Buckel, Frau Catherina Rieger, die Tuchschererfrau Walburga Mangoldt (sogenannte Goggelhopfin), die Hirtenfrau Susanna Stadtmüller, die Totengräberfrau Eva Peter, die Kellerin (Hauswirtschafterin) Anna Strauß (sogenannte Lang Anna), die*

Schneeballenmacherin Catharina Deubler (sogenannte Hascherin) sowie namentlich nicht genannte Dinkelsbühler und Feuchtwanger Personen.

**Bezichtigerin** Margaretha Link, Mutter von Sibilla Bidermann, bezichtigt die Tuchschererfrau Walburga Mangoldt (sogenannte Goggelhopfin) und die Hirtenfrau Susanna Stadtmüller.

**Bezichtigerin** Margaretha Buckel bezichtigt die Kellerin (Hauswirtschafterin) Margretha Bäck.

**Bezichtigerin** Susanna Stadtmüller bezichtigt angeblich Melchior Link den Jüngsten, Bruder von Sibilla Bidermann.

### 1655/56 Sibilla Bidermann
*… von Jugend auf bösen Rufs …*

**Bezichtiger** Ehemann Johann Peter Bidermann, der wie seine Frau einen üblen Ruf hatte
**Ursache** Giftanschlag am Ehemann
**Urteil** Scheiterhaufen; am Hinrichtungstag zum Schwert begnadigt, enthauptet und beim Hochgericht begraben

### 1655/56 Margaretha Link
… sei alles wahr, bittet nur um ein gnädiges Urteil …

**Bezichtigerin** Tochter Sibilla Bidermann
**Ursache** Folter
**Urteil** Scheiterhaufen; am Hinrichtungstag zum Schwert begnadigt, enthauptet und zu Asche verbrannt

### 1655/56 Johann Peter Bidermann
*… der Besten keiner …*

**Bezichtiger** Selbstbezichtiger
**Ursache** Vorehelicher Geschlechtsverkehr
**Urteil** Haft und zweijährige Verbannung

Der Goldschmied Johann Peter Bidermann, seit einem halben Jahr Dinkelsbühler Bürger, war wegen seines *üblen Haushaltens* bekannt. Er war seit vier Monaten mit Sibilla, geborene Link, verheiratet. Ihr Schwager, Ratsherr Strölein, beklagte sich bei Amtsbürgermeister Friedrich Mundtbach, dass das junge Paar *seltsame Händel miteinander führen*. Der ließ daraufhin die Eheleute getrennt in ein *Narrenhaus* sperren. Dies kam in der Ratssitzung am 17. September 1655 zur Sprache, und der Rat ordnete an, sie und ihr Dienstmägdlein am Nachmittag durch den evangelischen Stadtjuristen Paul Georg im Beisein des Schreibers zu vernehmen.

Biedermann behauptete, seine Frau habe ihn umbringen wollen, er habe in der Schlafkammer ein Glas mit Gift gefunden. Man beschloss, den *Barbierer* Abraham Eberspacher zur Sache zu hören. Als Wundarzt und einfacher Chirurg sollten er und seine Frau einen Fragekatalog erstellen und ein Verhör durchführen, dessen Protokoll dem Ratsjuristen übergeben werden sollte.

Zugleich ließ man den Ratsjuristen Paul Georg, den Stadtarzt Dr. Faber, den Apothekenvorsteher und die drei Barbiere Jeremias Wolworts, Abraham Eberspacher und Hieronimus Frank in die große Ratsstube rufen. Dort lagen als Beweismittel *das Glas von Sibilla Bidermännin, so darin ein Trank von Gift präpariert haben solle, samt dem Mörser, worin das Gift gestoßen. Physikus* Dr. Faber schlug vor, es durch die anwesenden Fachleute untersuchen zu lassen, weil *es nicht ein gering, sondern wichtige Sach* sei, er selbst erachtete das Material für ein wirksames quecksilberhaltiges Präparat.

Also begaben sie sich, verstärkt durch die zwei *Einiger* Walch und Brielmayr als Gerichtsherren und den Schreiber, in die *Umgelterstube,* die Getränkesteuerstube. Die Barbiere, die nicht im städtischen Dienst standen, mussten vor den Experimenten *am Vieh und durch das Feuer* ihr Stillschweigen versprechen.

Das Glas aus dem Haushalt der Goldschmiedefrau war nur zwei fingerbreit mit Wasser gefüllt und enthielt ein weißes Pulver. *Herr Medicus und die Barbier haben's sämtlich wohl besichtigt,* auch an der Zunge probiert und endlich befunden, es sei *Mercurium,* ein Quecksilberpräparat.

> **Die Experimente** Als erstes gab man von dem Pulver *zwei Hunden, als einen ziemlich großen, dann einem jungen von 7 oder längst 10 Wochen*. Der große Hund hat *unterschiedliche Haufen von sich geben und also das Pulver* größtenteils wieder ausgeschieden. Aber von dem Gift ist er *hinten erlahmt* und wollte *weder Essen noch Trinken.* Man brachte ihn deshalb zur weiteren Beobachtung in das Haus des Scharfrichters Balthes Spon, wo das Tier *in fünf Tagen* verendete. Der kleine Hund war *in der Nacht daraufgegangen: Den frisch Leich eröffnet und der Magen gefunden worden, dass er ganz groß aufgelaufen und als der Magen auch aufgeschnitten, lautere gelbe materia und Wasser herausgelaufen. Desgleichen auch das Gift noch in den Därmen gesehen und gefunden worden.*
> Als zweites gab man das Pulver auch einer *Henne, welche auch bald darauf stark von sich gegeben.* Nach vier Tagen war *sie auch daraufgegangen.*
> Der Stadtarzt und der Apotheker bewiesen den Räten abschließend an einem *Gläslein, dass das angezogene Pulver Gift sei und wie sich der Spiritus an das Gläslein* hing.

In derselben Ratssitzung wurde gemeldet, Sibilla Bidermann sei *in dem Gefängnis das Blut laufend* geworden. Die städtische Hebamme hatte sie aufgesucht und berichtete, *dass zwar ein Gewächs von Blut von ihr gegangen wär,* es aber nicht gefährlich sei. Umgehend wurden der Ratsjurist und die zwei Ratseiniger zu ihr geschickt, die dem Rat bestätigten, es sei *kein Gefahr vorhanden.*
Die Eheleute Bidermann waren mittlerweile ausführlich *gütlich verhört* und schließlich einander gegenübergestellt worden. Beide gaben zu, bereits *vor der Hochzeit fleischliche Werk getrieben* zu haben, den obrigkeitlich verbotenen und geahndeten unehelichen Geschlechtsverkehr.

Wie der Jurist dem Rat eine Woche nach der Verhaftung berichtete, gestand Sibilla Biedermann, dass sie nicht nur ihren Mann töten habe wollen, sondern bei Misslingen auch sich selbst umbringen. Deshalb habe sie so viel vom *Pulver* genommen. Belastend für sie war außerdem, dass sie sich beim Verhör *mit Zunge, Mund und Gebärden gar erschrecklich erzeigt* hatte.

Vermutlich bezichtigte Sibilla Bidermann schon in den ersten Vernehmungen die Ratsherrnfrauen Laur und ihre eigene Schwester Ursula sowie ihre Mutter Margaretha Link. Möglicherweise in der Absicht, einen Hexenprozess abwenden zu können, denn ihre Schwester war die Frau von Ratsherrn Strölein, und damit ihre Mutter auch dessen Schwiegermutter. Merkwürdig genug, das Sitzungsprotokoll vom 24. September enthält keine Einzelheiten der Anschuldigungen, obwohl die Verhörprotokolle abgelesen wurden. Und Ratsherr Strölein erhielt Aktenauszüge, soweit sie zur Ehrenverteidigung *sein und seiner Frauen Personen* nötig waren. Unerklärlich ist, warum den betroffenen *beiden Herrn Bürgermeister* Teile gegeben wurden.

Nun wurde angeordnet, Hans Peter Bidermann aus dem Narrenhäuslein *in ein Stüblein im Amthaus* am Rothenburger Torturm zu verlegen. Zwei Wochen später meldeten sich in der Ratssitzung fünf Fürbitter an: Weil Johann Peter Bidermann *in dieser Sach nicht, sondern sein Weib schuldig* sei, baten sie darum, ihn *auf Bürgschaft* in Hausarrest zu entlassen. Doch Ratsjurist Georg wollte das Ehepaar noch einmal verhören, denn Bidermann sei *der Besten keiner.* Er gab auch zu bedenken, dass Ratsherr Strölein die Verhörprotokolle erst vor kurzem erhalten habe, und niemand bevorzugt werden dürfe.

Das war ganz im Sinn des anwesenden Ratsherrn Strölein, der forderte, seinen Schwager Bidermann daraufhin zu verhören, ob er *auf ihn, seiner Frauen und andern* etwas anzuzeigen habe. Sollte dies *mit Wahrheit* der Fall sein und *eins oder anders das Feuer oder anderst verdient* haben, solle der Rat *denen ohne alle Scheu das Recht tun.* Daraufhin wurde beschlossen, noch einmal ein Verhör vorzunehmen.

Nachdem ein zweites Mal fünf Fürbitter erschienen waren, um die Freilassung *ihres Bruders, Schwagers und Vetters* Bidermann gegen eine Bürgschaftszahlung zu erwirken, wurde er nach fast vierwöchiger Haft in den Hausarrest entlassen. Er durfte lediglich zur Kirche gehen, musste auf Verlangen erscheinen und geloben, *nicht flüchtig zu werden.*

Inzwischen hatte der evangelische Ratsjurist Paul Georg – die katholische Stelle war derzeit unbesetzt – ein Urteil abgefasst, das in der Ratssitzung abgelesen wurde. Er wollte die Rechtssache Giftmischerei und anderer Vergehen der *Sibilla Bidermännin contra ihren Mann, Johann Peter Bidermann, Goldschmied allhier,* abschließen. Sie sollte *mit Ruten ausgestrichen und des Lands auf ewig verwiesen werden.* Und ihr Mann sollte, *weil er der besten Gesellen einer auch nicht ist,* in Haft bleiben und nach Abstrafung seiner Frau für zwei Jahre die Stadt verlassen. Drittens sollte er, *allweil sie beide vor der Hochzeit fleischliche Werk miteinander getrieben,* 25 Gulden Bußgeld bezahlen. Da der Rat an diesem Tag nicht vollzählig war, musste der Urteilsbeschluss verschoben werden, was bedauerliche Folgen hatte. Lediglich Bidermanns Strafzahlung wegen *Beischlafs vor der Hochzeit* wurde beschlossen, auf zu erwartendes Bitten wollte man die Buße auf 15 Gulden herabsetzen.

Stäupbesen.
Rute zum „Ausstreichen" (Steuerbuch, 1611).

In der Ratssitzung am 15. Oktober 1655 wendete sich das Blatt ungünstig für Sibilla Bidermann. Als künftiger katholischer Stadtjurist war der kurfürstlich-bayerische und erzbischöflich-salzburger Advokat Dr. Johann Benz eingetroffen, und nachdem das verschobene Urteil des evangelischen Ratsjuristen Georg erneut abgelesen worden war, beschloss man, dem katholischen Juristen alle Akten zur Prüfung zu übergeben. Man wollte von ihm wissen, ob Sibilla Bidermann *weiters nicht zu examinieren* sei.

In der nächsten Sitzung wurde ein Bittgesuch des Stadtknechts Hans Bayr beraten. Als Gefängniswärter von Sibilla Bidermann hatte er bereits vier Gulden für *Kost* ausgelegt, er *könne es nicht mehr bezahlen.* Der Rat beschloss, ihm die vorgestreckten Ausgaben von nun an wöchentlich zu erstatten.

Danach wurde die Meinung des katholischen Ratsjuristen Dr. Benz verlesen. Im Gegensatz zu seinem evangelischen Kollegen wollte er die Verhaftete weiter befragen und mit ihr *zur Tortur* schreiten. Daraufhin ordnete der Rat ein Treffen der beiden Juristen an*, um die Sach zu beratschlagen, was mit der Verhafteten weiters zu tun* sei.

Die Untersuchung zog sich in die Länge, sodass Sibilla Bidermanns Schwager, Ratsherr Strölein, in der letzten Novembersitzung darum bat, *ein End dran zu machen.* Inzwischen war Sibilla Bidermann weiter von den Gerichtsdeputierten befragt worden, und nach dem Verlesen der Verhörprotokolle, fragte man um, was zu tun sei. Man beschloss, den Ratschlag der beiden Ratsjuristen anzuhören und durchzuführen, damit *ein End daran gemacht werden möge.*

Zur einberufenen Ratssitzung Anfang Dezember war Ratsherr Strölein wegen seiner Verquickung in den Fall nicht erschienen. Sibilla Bidermanns Verhöre vom vergangenen Nachmittag und Abend wurden vorgetragen: Sie hatte auf mehrmalige gütliche Aufforderung *aber ganz und gar nichts bekannt.* Es habe sie niemand unterrichtet, *das Gift in Wasser zu sieden und also zu präparieren*, sie sei selbst darauf gekommen. Als alles zusprechen und ermahnen nichts nützte, wurde sie erstmals vom Amthaus in den angrenzende Rothenburger Torturm geführt, wo im Foltergewölbe das *Werkzeug* lag und die *Tortur* war, die Aufziehvorrichtung. Dort sprach man ihr nochmals *in der Güte* zu. Auch hier wollte sie nicht mit der Sprache heraus, aber wegen der fortgeschrittenen Abendzeit ließ man sie dann *unangefochten.* Man ermahnte sie, sie *solle sich durch die Nacht eines Bessern besinnen,* morgen werde *der Ernst folgen und keines Verschonen sein.*

Zunächst trug der katholische Jurist Dr. Benz seine Ansicht vor: Nur weil die Familie einen *bösen* Ruf habe und Sibilla Bidermann ohnehin *infamis* sei, könne *man sich mit der Tortur gegen ihro nicht vergreifen.* Aber wenn sie bei einer weiteren gütlichen Befragung nicht sage, wer ihr *zu diesem Sieden und Kochen Rat gegeben* habe, dann könne man *wohl den Daumenstock, hernach sich der Tortur gebrauchen.*

Der evangelische Jurist Paul Georg pflichtete dem bei. Aufgrund der kaiserlichen Halsgerichtsordnung solle zwar *keine Obrigkeit ohne rechtmäßige Ursach niemand mit der Tortur angreifen,* weil aber Sibilla Bidermann *nicht allein ihren Mann, sondern auch sie sich selbst* töten habe wollen, habe der Rat nichts übereilt. Doch wenn sie gütlich *mit der Sprach und Wahrheit nicht herauswollte,* könne man wegen *ihres von Jugend auf bösen Rufs und anders,* aufgrund der Halsgerichtsordnung erst die Daumenschraube, und wenn sie weiterhin *nichts bekennen würde,* das Aufziehgerät anwenden.

So ordnete der Rat an, wenn sie nicht sage, *wer ihr Rat und Tat zu Siedung dieses Gift gegeben,* sollte man den *Daumenstock* ohne weiteren Ratsbeschluss anwenden.

In dem Moment wollte Stadtknecht Hans Bayr vor den Rat gelassen werden. Er berichtete, dass die verhaftete Bidermann in einer üblen Verfassung sei. Er und seine Frau hätten ihr zugeredet, sich nicht *martern und peinigen* zu lassen, denn sie werde sicher von *der Tortur nicht verschont.* Daraufhin habe sie ihn gebeten, dem Rat mitzuteilen, dass sie *alles mit Grund und ganzer Wahrheit an Tag geben wolle, wer sie unterwiesen* habe*, dass man das Gift sieden solle.* Sie wolle *den Henker nicht über sie kommen lassen.* Sibilla Bidermann wurde dann am Nachmittag weiter verhört.

Am nächsten berichteten die Schreiber dem Rat, wie das gütliche Verhör verlaufen war. Sie hatte ausgesagt, *dass sie sich dem Teufel erst in Einem Ehrsamen Rat Gefängnis mit ihrem eigenen Blut verschrieben und ergeben* und der *Heiligen Dreifaltigkeit abgesagt* habe. Zuvor sei ihr der Teufel viermal in der Gestalt des *alten, buckligen Weibleins* des jetzigen *Schleifers,* dem Stadtpolizisten, erschienen. Zweimal in ihrem Haus, wo er ihr gezeigt habe, dass sie *das Gift in Bier sieden* müsse, dann im *Waaggässlein* und schließlich *unter dem Nördlinger Tor,* als sie fliehen wollte. Der Teufel habe ihr jedoch zugeredet, *sie solle nur wieder heim und ihren Mann anklagen,* sie werde *in der Klag ihren Mann überwinden.* Darauf sei sie wieder heimgegangen und bald darauf ins Gefängnis abgeführt worden.

Teufel mit Buhle (Tractatus, um 1490).

Die Ratsherren waren über die *so erschreckliche Bekenntnis* entsetzt und forderten die Juristen auf, sich zu beraten und einen Vorschlag zu unterbreiten, damit der Prozess nicht wie bisher geschehen *gehindert, sondern hierin fortgefahren und ein End daran gemacht werde.* Der Rat drängte offensichtlich auf das Ende eines Prozesses, bei dem mehrere Ratsfamilien betroffen sein konnten.

Erneut wurde der städtische Schleifer Hans Bayr vor den Rat gelassen. Er berichtete, dass er und sein Weib vergangene Nacht bei der Verhafteten gewacht hätten, und sie zwischen zwei und drei Uhr *einen starken Schweiß bekommen* habe. Nach drei Uhr habe sie dann angefangen zu beten und gesagt: *Jetzt wöll Jes[us] den Teufel wieder vertreiben.*

Da meldete sich der Ratsschreiber zu Wort: Am vergangenen Nachmittag sei der evangelische Diakon Caspar Zink, der mit Sibilla Bidermanns Bruder verschwägert war, bei ihr gewesen. Sie habe *mit einem Messer einen Fisch* aufgeschnitten. Zwar war die Frau des Stadtknechts dabei gewesen, es sei aber *gefährlich* ihr ein *Messer oder dergleichen Sachen* zu geben.

Also wurde angeordnet, die Gefangene *an die Ketten* zu schließen, *damit sie nicht zum Fenster oder zu der Tür kommen könne,* und man dürfe ihr *kein Messer oder dergleichen zukommen lassen.* Außerdem wurden weitere zwei Knechte zur ständigen Überwachung zugeteilt, die dem Rat unverzüglich etwas Auffälliges mitteilen sollten.

In der nächsten Ratssitzung ließen sich die beiden Juristen anmelden. Dr. Benz trug vor, sie hätten beratschlagt und könnten Frau Bidermanns Behauptung nicht glauben, dass sie erst im *Gefängnis in die Hexerei geraten* sei, es müsse mehr vorhanden sein, es sei *also notwendig,* sie dahingehend zu vernehmen. Dann zählte er die Verhörfragen auf.

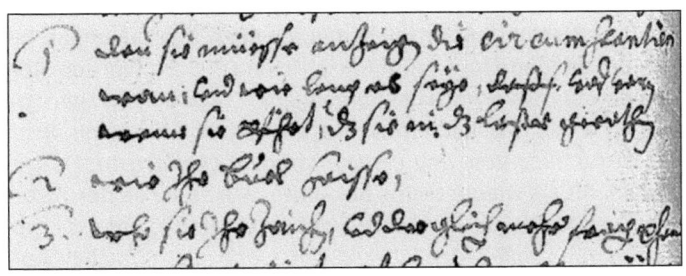

*1. Den sie müsse anzeigen die circumstantien [Umstände]*
wann, und  wie lang es seye, ~~daß~~ und von
weme sie verfihrt, dz sie in dz laster gerathen
*2. Wie Ihr buel [Teufelsliebhaber] heisse.*
*3. Who sie Ihr Zeichen [Hexenmal], und dergleich mehr Frag vorhan-*
*den.*

Auch der evangelische Ratsjurist Georg meinte, es *könnte an-*
*ders nicht sein.* Gehe *sie mit dem buzen [Kernhaus, Brocken]*
*heraus, sei es gut, wo nicht,* so schließe er sich Dr. Benz an.
Da sich die Juristen einig waren, genehmigte der Rat nach er-
folglosem gütlichem Verhör die schrittweise Tortur. Die zwei
Stadtknechte bewachten nun Sibilla Bidermann nachts abwechselnd.
In der am 9. Dezember anberaumten Sitzung des Geheimen
Rats, bestehend aus den zwei evangelischen und zwei katholischen Bürgermeistern sowie den zwei evangelischen und zwei
katholischen Geheimen Räten, wurden zunächst die letzten
Verhörprotokolle abgelesen.  Sibilla Bidermann hatte wiederholt ihre Mutter Margaretha Link beschuldigt, dass sie *ihr Lehr-*
*meisterin* gewesen sei und sie als *klein und unverständig Kind in*
*das Laster gebracht* habe. Das wolle sie ihrer Mutter auch ins
Gesicht sagen. Die beiden Juristen schlugen eine Gegenüberstellung vor: Da Margaretha Link *schon in dem Hexenregister*
aufgeführt sei und einen schlechten Ruf habe, könne man bei
der Link nach einer ergebnislosen gütlichen Befragung die *Tor-*
*tur* vornehmen.
An der Sitzung des Rats am folgenden Tag nahm der befangene
Ratsherr Strölein erneut nicht teil, er blieb den Sitzungen bis
zum Prozessende fern. Vom Ratsjuristen Dr. Benz wurden Sibilla Bidermanns Verhöre der vergangenen Tage vorgetragen. Da
sie zuerst nichts bekennen wollte, hatte man Grund, *mit ihr zu*
*der Tortur zu treten, und erstlich mit dem Daumenstock anzu-*
*greifen.* Als sie wieder nichts bekannte, wurde sie an der *Tortur*
aufgezogen. Als sie kurz *daran gehangen* hatte, habe sie *ge-*
*schrien, man solle sie heraber lassen, wolle alles gütlich beken-*
*nen.*

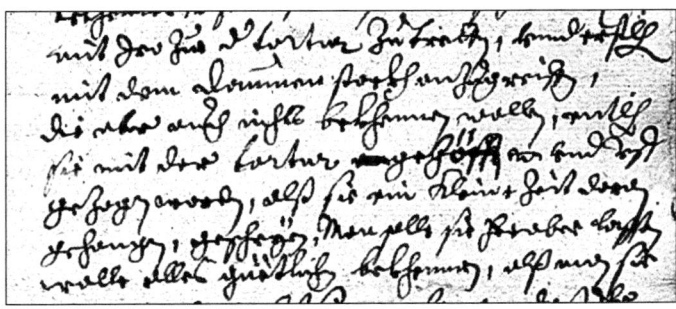

Ratsprotokoll vom 10. Dezember 1655: mit Iro zue der tortur zu Tretten, und erstlichen mitdem Daumen stock anzugreiffen, die aber auch nichts bekennen wollen, entlich sie mit der tortur gezöffen ᴡ und uff gezogen worden, alß sie ein kleiner Zeit daran gehangen, geschryen, Man solle sie heraber lassen wolle alles güetlichen bekhennen,

**Aussage von Sibilla Bidermann** *Dass ihre Mutter sie verführt, da sie noch ein klein, unmündiges und unverständiges Kind gewesen. Obwohl sie sich damals auch dem Teufel verschrieben, so sei der doch mit derselben Verschreibung nicht zufrieden gewesen und erst in der Gefängnis wieder zu ihr kommen. Hab Papier und Feder wie auch ein Nadel mitgebracht. Und sie mit der Nadel an dem rechten Daumen bei dem Nagel hineingestoßen, dass es Blut geben. Und also sie sich mit ihrem eigenen Blut dem Teufel verschrieben. Hingegen der Heiligen Dreifaltigkeit und allen Heiligen abgesagt.* Das sei die Wahrheit. *Wolle auch darauf leben und sterben, auch Wohl und Wehe sein lassen.*

Die Juristen schlugen eine Gegenüberstellung von Sibilla Bidermann und ihrer Mutter Margaretha Link vor. Der städtische Schleifer teilte ihr hinterhältig mit, ihre Tochter wünsche sie zu sehen, der Rat habe den Gefängnisbesuch bewilligt. Auch die anderen von Sibilla Bidermann denunzierten Frauen, Margaretha Buckel und Catharina Rieger, sollten mit ihr konfrontiert werden. Rieger hatte Buckel erst vor eineinhalb Jahren der Hexerei bezichtigt, vermutlich hatte Sibilla Bidermann deshalb die Frauen angegeben.

Die Gegenüberstellung erfolgte noch am selben Nachmittag. Ihre Mutter Margaretha Link, die sich bei einer ersten gütlichen Befragung nicht zur Hexerei bekennen wollte, kam sofort ins Amthausgefängnis.

Den Ratsherren wurden die Verhörprotokolle der Gegenüberstellungen am nächsten Tag verlesen. Dr. Benz meinte, es sei jetzt die Frage, ob der Rat dem Recht entsprechend den Prozess fortsetzen oder ihn einstellen wolle. Er könne es nicht anders sehen, als dass mit dem Prozess fortzufahren sei. Erst mit der Güte, dann schrittweise mit der Tortur, dann *werde alles sogleich wie bei der Sibill herauskommen.* Dem schloss sich sein evangelischer Kollege Georg an. Ohne Zweifel werde *Ein Ehrsamer Rat mit ausreittung solcher großer Übel* verfahren, *da es gegen Gott nicht zu verantworten wäre.*

In der Ratssitzung am 14. Dezember 1655 wurden dann die *gütund peinlichen Verhör, auch Konfrontationen* der drei inhaftierten Frauen beraten. Margaretha Link gestand nichts, nach Meinung der Juristen, hatte *der Teufel* sie *wohl gestärkt.*

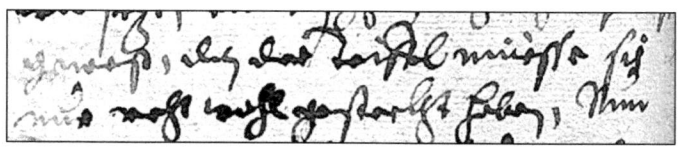

Ratsprotokoll vom 14. Dezember 1655: dan der Teiffel müesse sihe nur recht wohl gesterkht haben,

Dr. Benz führte aus, dass man aufgrund der Indizien nach Artikel 26 der *Kaiserlichen Carolinischen Halsordnung* nicht von ihr ablassen könne, und da solche hartnäckigen Personen *Sachen bei sich eingenäht haben, dass man denen absonderliche [besondere] Kleider anlege und aller Orten beschere [Körperhaare entferne]. Hernach ad examen geführt und befragt werden, ob* sie gutwillig bekennen wollen, wo sie die Hexerei gelernt, oder ob die Obrigkeit, was sie befugt, mit der Folter nachhelfen solle. Sein Kollege Paul Georg ergänzte, dass Margaretha Link es für Spielerei hielte *und sich vor den Herren Deputierten, in der Verhörstube zu der Tortur bereitet, ihren Kittel abgezogen und die Haube aufgesetzt* habe. So, als ob *sie vielleicht etwas bei sich oder vernäht* hätte. Sie *habe von sich selbst angefangen, wenn man vermein, so solle man ihr die Haar abschneiden.* Er war der Ansicht, wenn man das machen würde, würden *die Personen gutwillig ihre Taten bekennen.* Da die Frauen *keine Empfindlichkeiten an der Tortur empfunden oder einige Treher [Tränen] aus ihren Augen gelaufen* seien, müssen *sie mit der Hexerei beladen sein.*

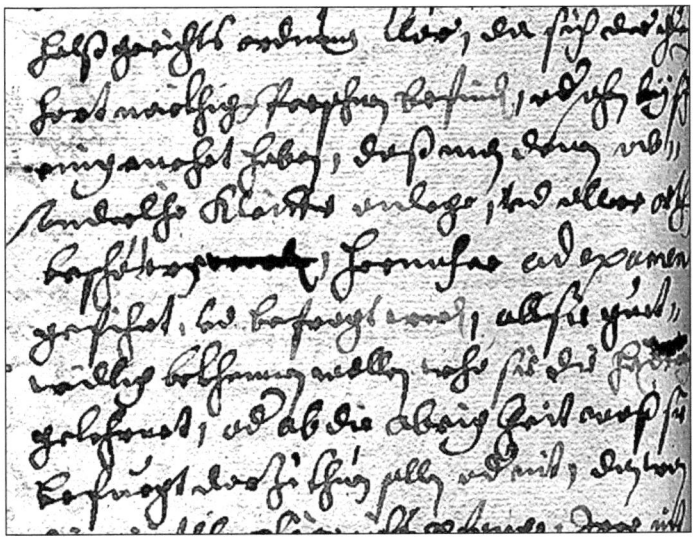

Ratsprotokoll vom 14. Dezember 1655: da sich derleichen hart näckhigen Persohnen befinden, oder sachen bey sich eingenehet haben, daß man denen absonderliche Kleitter anlege, und aller orthen beschöeren ~~werden~~, hernacher ad examen gefihrt, und befragt werden, ob sie guetwillig bekhennen wollen who sie die Hexerey gelehrnet, oder ob die obrigkheit waß sie befuegt darzu thhun sollen oder nit,

Sibilla Bidermann und ihre Mutter fühlten sich ungerecht behandelt. Sie forderten *Gleichheit* vor dem Gesetz, der Rat solle nicht *allein den Armen, sondern auch den Reichen, gleich ihnen, den Prozess machen.* Damit meinten sie die von Goldschmied Bidermann anfangs genannten Ratsfrauen Strölein und Laur sowie vermutlich die Frauen zweier Bürgermeister.

Unter der Tortur bezichtigten Sibilla Bidermann und ihre Mutter Frauen der Hexerei. Darunter war die Tuchschererfrau Walburga Mangoldt, auch Goggelhopfin genannt, und Susanna Stadtmüller, die Frau des Hirten im Segringer Stadtviertel, die unter der *fallenden Sucht,* der Epilepsie, litt. Sibilla Bidermann sagte weiter aus, Susanna Stadtmüller behaupte, ihr Bruder Melchior Link der Jüngste verleumde ihren Mann, Hans Ulrich Stadtmüller, dabei habe sie selbst ihren Mann verdächtigt.

Der Rat beschloss eine Gegenüberstellung, die am 20. Dezember 1655 stattfand. Während die Verhafteten bei ihren Anschuldigungen blieben, gestanden Walburga Mangoldt und Susanna Stadtmüller nichts. Sie wurden mit der Auflage stillzuschweigen, nach Hause gelassen.

Wegen Weihnachten und Neujahr befasste sich der Rat erst nach einer fünfwöchigen Prozessunterbrechung wieder mit dem Hexenfall. In der Ratssitzung am 24. Januar 1656 wurden die Protokolle der inzwischen vorgenommenen Verhöre verlesen. Margaretha Link hatte widerrufen, dann aber im Beisein ihrer Tochter Sibilla Bidermann erneut die Hexerei zugegeben. Ihre Bezichtigung der anderen Frauen wiederholte sie nicht: Sie hätte sie *aus Anstiftung des leidigen Teufels auch für trutten angeben. Dass sie allen denselben Unrecht getan habe, sei ihr deswegen herzlich leid. Habe eben vermeint,* sich dadurch helfen zu können.

Dann trugen die Ratsjuristen ihre *Gutachten* vor. Georg bezog sich auf die neu beschuldigten Frauen Stadtmüller, Mangoldt, die Hauswirtschafterin Anna Strauß und die Totengräberfrau Peter und sagte, dass *Gott zu danken sei, dass diese Hexerei und so großes Übel also an Tag komme* durch Mutter und Tochter. *Bei so gestalteten Sachen könne ein löblicher Rat von selbst vernünftig erachten,* dass er *als eine vorgesetzte Obrigkeit von Gott weiters verfahren müssen.* Er erwartete *erschreckliche Sachen.* Dem schloss sich sein Kollege Dr. Benz an.

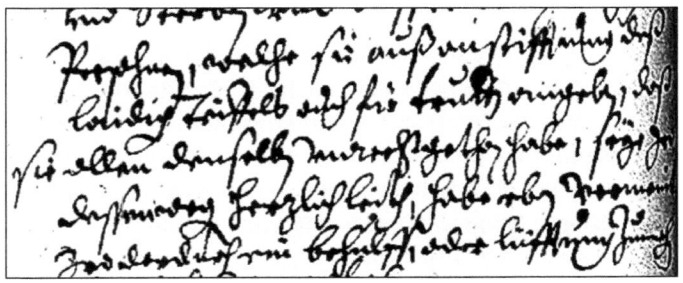

Aussage von Margaretha Link, Ratsprotokoll vom 24. Januar 1656: Persohnen, welche sie auß anstifftung deß laidig Teiffels auch für truttn angeben, daß sie allen denselben Unrecht gethan habe, seye Iro dessenwegen herzlich leith, habe eben vermeint Iro dardurch ein behüff, oder lüfftung Zumachen

In einer gemeinsamen Anfrage hielten es die Gerichtsdeputierten für untragbar, dass *dergleichen Leut von Haus aus* ihr Essen und Trinken erhielten. Tatsächlich stellte jetzt der Rat *das von Haus-aus-zu-speisen* ab, dem Stadtknecht Schwarz wurde befohlen, *dass er's speisen solle.* Das Geld werde man ihm dann schon geben.

Drei Tage später weitete sich der Prozess dramatisch aus. Bei der Befragung bezichtigte Sibilla Bidermann eine weitere Frau, Catharina Deubler, auch Hascherin genannt, von Beruf Schneeballenmacherin, die Bäckerin eines kugelförmigen Teigstrangknödels. Diese hatte angeblich das *Töchterlein* des evangelischen Konsulenten Georg mit *Gift in einem Apfel* umgebracht und auch *ihm und seiner Frau* Gift gegeben. Ihr Giftrezept hatte sie von Catharina Deubler erhalten, die *es ihr auf einer Ausfahrt* (Hexenritt) erzählte. *Wolle darauf leben und sterben.*

Dr. Benz zeigte sich entsetzt, die Aussage sei allen *erbärmlich zu hören gewesen,* weil es den Kollegen Georg persönlich betroffen habe. Er schlug dem Rat vor, Catharina Deubler den Prozess zu machen.

Anfang Februar veränderte man das Prozessverfahren. In der kleinen Stadt wusste jeder alles. Die beiden Juristen hatten festgestellt, dass von ihren im Rat vorgetragenen Berichten *gleich alles offenbar würde.* Sie schlugen deshalb vor, die *Hexereisachen* zunächst dem Geheimen Rat vorzutragen und hernach, wenn erforderlich, es dem gesamten Inneren Rat mitzuteilen. Dies wurde auch so beschlossen.

Außerdem bemängelten die Juristen, dass es im *Amthaus* mit dem Stadtknecht Schwarz *nicht vertraulich* zugehe:

> *1. Dass der Bucklin Tochter bei der Mutter vor ihrem Bett gewesen.*
> *2. Es wäre Michel Merklein, Schneider, der Hascherin [Frau Deubler] Tochtermann [Schwiegersohn] in das Amthaus*
> *3. auch ihr, der Hascherin, Sohn mit Branntwein dahin kommen.*
> *4. So wäre auch von Herrn Strölein [Ratsherr] ein Zettel der Mayin [seiner Schwiegermutter, Frau Link] zukommen, ungefähr vor 10 oder 12 Tagen. Welchen der junge Wagenknecht Heinerlein seiner Ahnfrau, der Metzger May [Frau Link], selbst in die Hand geliefert.*

Zweifelsfrei seien noch mehr solcher Sachen passiert. Dies erschwere ihre Arbeit und müsste abgestellt werden.

Dem Stadtknecht Schwarz wurde umgehend sein Fehlverhalten *mit allem Ernst* vorgehalten, *die verdiente Straf vorbehalten.* Die Gerichtsdeputierten, die beiden Stadtknechte, der Scharfrichter Balthes Spon und sein Knecht Caspar wurden an ihre Eide erinnert, die Pflicht zu brechen, würde gewiss *ohne Leibesstraf nicht abgehen.*

Wegen heikler Aussagen, sie betrafen stark belastete Ratsherrnfrauen, stockte der Prozess Mitte Februar. Die Deputierten hatten in der Woche viel geleistet. Es gab Verhöre, nieder-
geschriebene Aussagen, Bezichtigungen und Gegenüberstellungen von mittlerweile acht Frauen: Sibilla Bidermann und ihre
Mutter Margaretha Link, die Totengräberfrau Eva Peter, die
Schneeballenbäckerin Catharina Deubler, Anna Strauß wegen
des Giftmordes am Töchterlein des evangelischen Juristen
Georg, die  Hirtenfrau Susanna Stadtmüller, Walburga Mangoldt sowie die gewesene Hauswirtschafterin Margaretha Bäck
von Merkendorf. Wie vom Rat beschlossen worden war, trugen
die Juristen ihre Untersuchungsergebnisse zunächst dem Geheimen Rat der vier Bürgermeister und vier Geheimen Räte vor.
Man unterbrach die Sitzung für eine Mittagspause, danach ging
es um das Hexenwerk der Ratsherrnfrauen. Die beiden Juristen
hatten aus den Protokollen bei Frau Strölein 12 Indizien zusammengetragen, bei Frau Laur 11. Unter allen Bezichtigten hatten
*diese beiden Frauen die meisten indicia.* Ihre Anschuldigungen
waren vom ersten Tag der Verhaftung Sibilla Bidermanns bekannt gewesen, waren aber nie im Rat verhandelt worden. Der
selbst unter der Hexerei leidende evangelische Jurist Georg
wies darauf hin, *dieses Laster* sei offenbar und die Obrigkeit sei
*schuldig, das selbige auszureiten.* Dennoch wollte der Geheime Rat die brisanten Vorwürfe dem gesamten Inneren Rat
weiter vorenthalten.
Zunächst fand eine weitere Sitzung des Geheimen Rats statt.
Dabei drängten die Juristen erneut darauf, die Hexereien der
Ratsherrnfrauen zu verhandeln.  Man beschloss, am nächsten
Morgen bereits um 8 Uhr zusammentreten, um eine Entschei-
dung zu fällen und danach zur Ratssitzung zu laden. Tatsächlich
aber erfolgte eine Sitzung des gesamten Rats erst über zwei
Wochen später.
Stattdessen fanden mehrere Sitzungen des Geheimen Rats
statt. Der evangelische Jurist Georg führte über die jüngsten
Verhöre aus, Margaretha Link habe, wie früher schon, widerru-
fen und wieder gestanden. Zuerst habe sie *dabei geschworen
und gerufen, wann sie dergleichen Person [eine Hexe sei], solle*

*ein Legion Teufel kommen, sie hinwegführen. Aber nach dem Schwur* hätte es schier so ausgesehen, dass sie vom Teufel *zum Fenster möchte hinausgeführt worden sein.*

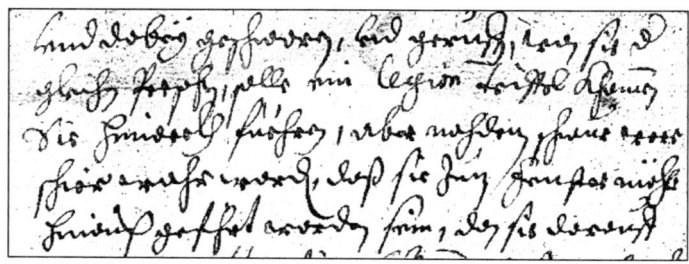

Protokoll der Geheimen Ratssitzung vom 4. März 1656: und dabey geschworen, und geruffen, wan sie der gleichen Persohn, solle ein legion Teiffel khommen Sie hinweekh füehren, aber nachdem schwur weer schier wahr worden, daß sie zum Fenster möchte hinauß gefirt worden sein,

Aber alsbald sei sie *in sich gegangen und ihr Schuld an Tag gegeben, dass sie eine Hex. Also [...] wieder gutwillig, ungezwungen und -gedrungen, was sie vorher ausgesagt, gestanden. Dass alles wahr sei.* Die Obrigkeit sei befugt, *dergleichen Personen wieder anzunehmen und im Fall sie mit der Güte nicht heraus, sie wieder ad torturam gezogen werden müsste. Das wäre sein Meinung.*

Dem schloss sich der katholische Jurist Dr. Benz an. Wenn sie *in der Güte nicht herausgehen würde, müsste man mit der Schärfe gegen derselben verfahren. Jedoch moderate, dass man's aller Orten verantworten könne.*

In diesem Sinn beschloss es dann auch der Geheime Rat.

Drei Tage danach, am 7. März, traf sich am Vormittag zunächst der Geheimen Rat. Sibilla Bidermann hatte widerrufen, aber danach wieder freiwillig zugegeben, es *sei alles wahr.* Die Mutter habe sie nur *verführt,* ihr Geständnis zu widerrufen und zu sagen, sie hätte *Unrecht getan* mit der Bezichtigung von ihr und ihrer Schwester Ursula, der Ratsherrnfrau Strölein.

Danach bestanden die Juristen noch einmal darauf, den Inneren Rat zu informieren und eine Ratssitzung anzuberaumen. Zuerst versuchte der Geheime Rat noch einmal abzuwiegeln, weil die zwei Fischherrn Brielmayr und Laur an dem Tag ihren Pflichten nachkamen und nicht anwesend sein konnten. Doch wurde für den Nachmittag kurzfristig Ratsversammlung anberaumt.

In der Sitzung erinnerte der Jurist Georg daran, dass Ratsherr Laur bisher verhindert habe, manche Verhöre vorzutragen. Da er jetzt nicht anwesend sei, könne man sie ablesen. So wurden die Akten mit den Hexereien *der Unholden* vorgetragen, ebenso was jede Person vor und nach einem Widerruf gütlich und peinlich ausgesagt hatte sowie die Denunziationen, die sie gemacht hatten. Danach wollten die Räte von den Juristen hören, wie weiter vorzugehen wäre.

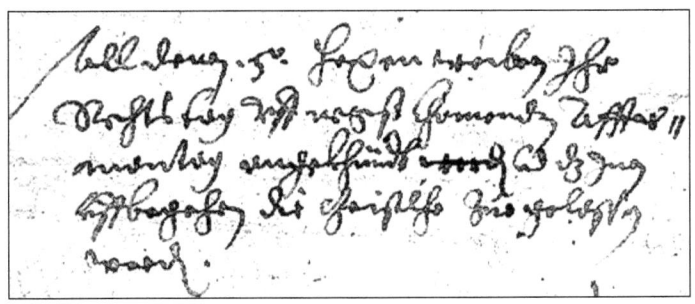

Ratsprotokoll vom 11. März 1656: Soll denen . 5 . Hexenweibern Ihr Rechtstag uff negeß Khomenden Afftermontag [Dienstag] angekhündt werden und dz Inen uffbegehren die Geistlihe zue gelassen werden.

Sie rieten, um weitere Widerrufe zu vermeiden, jetzt bei den fünf Frauen Link, Bidermann, Strauß, Peter und Deubler die Hinrichtungen vorzunehmen. Danach sei es in das *Belieben* des Rats gestellt, ob er *in der Sach weiter verfahren* wolle *oder nicht.* Was sich insbesondere wohl auf die heiklen Vorwürfe gegenüber Ratsherrnfrauen bezog. Der Rat beschloss dann auch den Vorschlag, weil diese fünf ihrer Aussage gemäß *nunmehr darauf leben und sterben wollen.* Die Juristen erhielten den Auftrag, die Urteile abzufassen und dem Geheimen Rat rasch vorzulegen, damit am nächsten Dienstag, dem 14. März, die *Exekution* vorgenommen werden könnte.

In der nächsten Sitzung des Inneren Rats teilte der Amtsbürgermeister mit, dass die Urteile der *5 Hexenweiber* einschließlich der *Urgichten*, ihrer Geständnisse, verfasst seien. *Ob's nun dem gesamten löblichen Rat beliebt, abzulesen.*

Der evangelische Jurist Georg merkte an, dass Margaretha Link mit ihrer Aufsässigkeit von der Tatsache ihrer Hexerei ablenken wolle. Die Ratseiniger sollten sich also, wenn sie ihr den Rechtstag ankündigten, nicht *beirren lassen*. Dies entsprach allerdings nicht der Peinlichen Halsgerichtsordnung, nach der ein Verurteilter vor der Hinrichtung gütlich geständig sein sollte.

Danach gingen die Ratseiniger Walch und Brielmayr mit weißen Stäben mit den Schreibern und zwei Stadtknechten in das Amthaus. Der ältere Stadtknecht las dort jeder einzelnen Verurteilten vor *1. was sie wider eine und andere ausgesagt* hatte, *2. ihre eigne Bekenntnisse.* Er sollte *die Denunciationes langsam und deutlich ablesen und gütlich befragen,* ob sie das alles gestehe *und darauf leben und sterben* wolle. Eine jede wurde ermahnt, zu *bereuen,* sich mit einem Geistlichen *zur Buße* vorzubereiten und *um ein gnädiges Urteil bitten*.

Als erstes wurde Sibilla Bidermann aus dem Kellerkerker des Amthauses nach oben geholt. Nach dem Ablesen ihrer *güt- und peinlichen Aussagungen* bestätigte sie*, alles sei wahr und wolle drauf leben und sterben.*

Als zweites holte man Margretha Link herauf. Tatsächlich widerrief sie einmal mehr das abgelesene Bekenntnis und auch Ihre Denunziationen. Obwohl man sie ermahnte, *sie solle sich eines bessern besinnen*, beharrte sie darauf. Dennoch wurde ihr, wie es der Rat angeordnet hatte, der Rechtstag angekündet. Zusätzlich beauftragte man den evangelischen Pfarrer, Frau Link geistlichen Trost zu geben und sie an ihre *vielfältigen sowohl güt- als peinlichen Aussagungen* zu erinnern, durch das Widerrufen *würde sie ihr Sach nur ärger machen.*

Einen Tag vor der Hinrichtung gab es einen weiteren Widerruf. Frühmorgens beim Öffnen der Tore schrie Sibilla Bidermann aus ihrem Hexenstüblein im Rothenburger Turm zu den Wächtern herab, *dass sie von ihrer Mutter zu dem Hexenwesen verführt und doch unschuldig sei,* und diese nur *ihren alten Balg nicht gern hergeben* wolle. *Sie danke Gott, dass es dazu komme.*

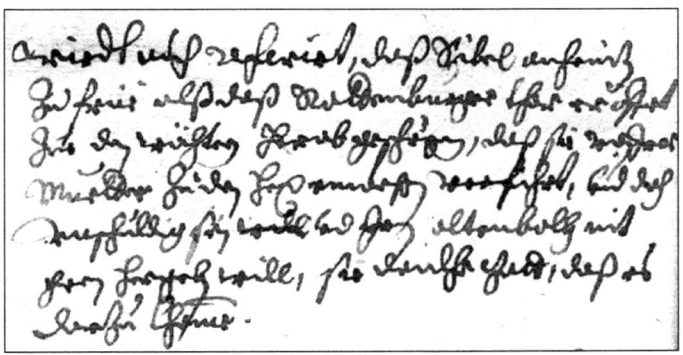

Wirdt auch referirt, daß Sibel anheinten zu früe alß daß Rottenburger thor eröffnet zue den wächtern herabgeschryen, daß sie von Irer Muetter zu den Hexenweßen verfihrt, und doch unschuldig sey, ~~will~~ und Iren altenbalkh nit gern hergeben will, sie dankhe Gott, daß es darzu khomme.

Amtsbürgermeister Johann Oberzeller ordnete die notwendigen Vorbereitungen für die Hinrichtung *der fünf Weibspersonen* an:

*1. Herr Bauernvogt wegen der Reiterei [zum Abreiten der Gerichtsgrenze].*

*2. Herr Stadtwachtmeister wegen Bestellung der Musketierer [Gewehrschützen] zu dem Prozess und der Hoch- und Niedenwachten [Mauerwacht und Straßenwacht].*

*3. Ingleichen der Pfarrmesner in der großen Kirchen [St. Georg] wegen Bestellung zum Läuten, weil der Totengräber [Peter, Ehemann einer Verurteilten] für diesmal nicht läuten könne.*

*4. Der Scharfrichter begehrt eine Wacht, damit sein Scheiterhauf nicht angezündet oder anders dabei vorgehen möchte.*

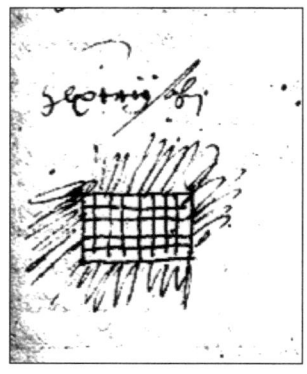

Randzeichnung *Hexereysachen* und Balkenrost auf einem Holzstoß (Ratsprotokoll, 14. März 1656).

Die *Bauherren* fragten an, *wie viel Fuhr bestellt sollen werden.* Der Rat beschloss drei Wägen: *Ein Heuwagen, worauf ihre 3 gesetzt, dann wieder 2 Wägen, so auf einen die Sibill, den andern ihr Mutter gesetzt soll werden.* Des Weiteren wurde beraten, welche von den *armen Sünderinnen* zuerst hingerichtet werden sollte. Nach Ansicht der Juristen am besten *die Sibill in Angesicht der Mutter, hernach die Mutter und also fort* in der Reihenfolge ihrer Verhaftung.

Der Hinrichtungstag der Bürgerinnen Sibilla Bidermann, Margretha Link, Eva Peter und Catharina Deubler sowie der Einwohnerin Anna Strauss am 14. März 1656, begann wie üblich mit einer Ratssitzung. Überraschend meldeten sich Ratsherr Andreas Strölein, sein Schwiegervater Melchior Link und dessen Söhne an. Die Ratseiniger und Schreiber wurden hinausgeschickt, ihr Gesuch anzuhören. Sie berichteten, dass die Bittsteller eigentlich schon gestern beim Amtsbürgermeister für ihre Verwandten, Frau Link und Frau Bidermann, um ein *gütig Urteil* haben bitten wollen. Dann hätten sie aber von den Geistlichen vernommen, dass Margretha Link *in dieser Hexerei Sachen un-*

*schuldig zu sein, beständig vorgebe und beharrlich darauf verbleibe.* Sie habe zwar unterschiedlich ausgesagt, doch es *wäre alles aus Furcht, Not und Zwang, auch der besorgenden großen Martyr geschehen. Und wenn sie sollte darüber wieder zu der Martyr gezogen werden, wiederum alles bekennen täte. [...] Sie wäre keine Hex, wüsste nichts von dergleichen Sachen. Ihr ungeratenes Kind hätte sie fälschlich dahin gebracht.* Die Bittsteller baten untertänig den Rat, die Geistlichen deshalb anzuhören. Sollte sie jedoch bekennen, *dass sie eine Hex* sei, könne man sie verurteilen.

Nun fragte der Rat um, was man antworten solle. Man entschied, die *Linkischen Supplikanten* sollten zur *Ruhe* gewiesen werden. Man wundere sich, denn der Rat habe alles genügend erwogen und lasse sich durch die vermeintlichen Widerrufe Frau Links nicht beirren. Wer sich dem Prozess weiter widersetze, müsse *100 Reichstaler* Strafgeld zahlen.

Dies hielt die Verwandten jedoch nicht ab, noch einmal zu bitten, der Rat wolle ihnen doch *ihr untertänig Ansuchen* gewähren. Es wurde ihnen gesagt, dass es bei dem Urteil bleibe, worauf sie mitteilen ließen, sie *müssten es eben Gott befehlen.*

Da wollte der Rat doch noch einmal die Ansichten der Juristen hören. Sie hatten schon deutlich gemacht, dass auch ohne letztes gütliches Geständnis, die Verurteilung gerechtfertigt sei und bekräftigten dies: Frau Link sei überführt und ihre Missetat *vor Augen,* sie habe deshalb kein Recht auf Widerruf. Der Rat solle sich durch das Bittgesuch der Verwandten nicht beirren lassen. Jetzt wurde den Ratsherren das von beiden Juristen angefertigte Urteil der *fünf arme Sünderinnen langsam und deutlich abgelesen, dass sie alle fünf mit dem Feuer vom Leben zum Tod und Aschen verbrannt werden sollen.* Der Beschluss, lebend zu verbrennen, wurde vom Rat einstimmig gefasst.

Doch dann kam es zu einer neuen Sitzungsunterbrechung. Es meldeten sich Frau Links Söhne alleine an, die *Linkischen Erben.* Einlenkend schickte der Rat eine Abordnung hinaus, wollte aber keine Bittschrift zulassen. Und weil die Söhne *so inständig um Gnad* baten, wurde *ihr Bitt gewährt und die Milde der Schärfe vorgezogen.* Der Rat beschloss, alle fünf Frauen nicht lebendigen Leibes zu verbrennen, sondern sie zum Enthaupten zu begnadigen und danach auf dem Scheiterhaufen *zu Aschen* zu verbrennen. Ausgenommen davon blieb Sibylla Bidermanns Leichnam, der unter dem *Hochgericht* am Galgenberg begraben werden sollte.

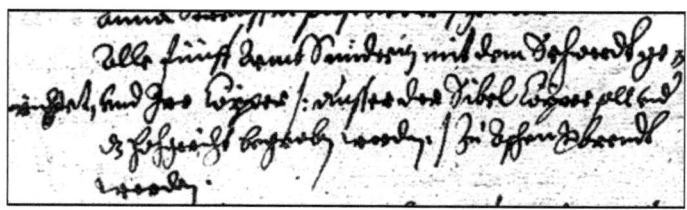

Ratsprotokoll vom 14. März 1656: Alle fünff Arme Sünderin mit dem Schwerdt gerichtet, und Ire Cörper (ausser der Sibel Cörper soll under dz Hohgericht begraben werden) Zu Aschen verbrendt werden.

Nach diesem Teilerfolg drängten Frau Links Söhne auf weitere Vergünstigungen. Aus *christlich Mitleiden* wollten sie die *fünf Körper zusammen begraben lassen,* und baten, sie *mit dem Feuer zu begnädigen.* Der Rat ließ ihnen sagen, Margretha Link habe nicht nur *lebendig zu verbrennen, sondern auch mit glühenden Zangen reißen und andern Peinen mehr* verdient. *Damit sie aber Gnade* bekämen, insbesondere aber *ihr Ratsfreund* Ratsherr Strölein, habe man auch bei ihr beschlossen, dass sie *mit dem Schwert vom Leben zum Tod und der Körper zu Aschen verbrannt werden* soll.

Mit diesem Bescheid gaben sich die *Linkischen Erben* freilich nicht zufrieden und wiederholten ihre *Bitt um Gottes Willen.* Aber als ihnen dann mitgeteilt wurde, dass es *bei dem beschlossenen Urteil* bleibe, bedankten sie sich *bei Einem Ehrsamen Rat ganz untertänig der erwiesenen großen Gnade.*

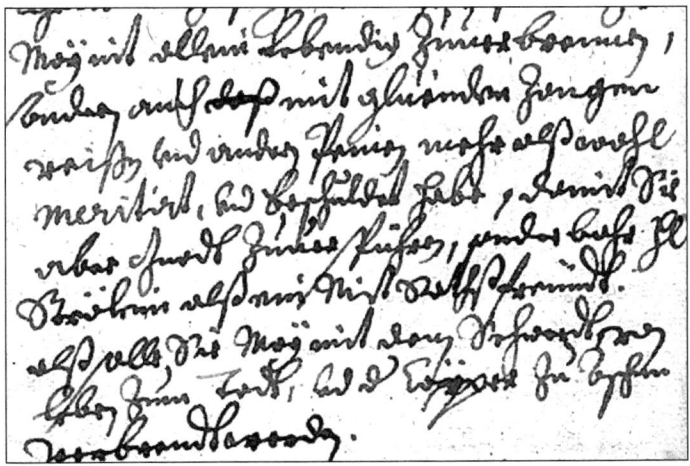

Ratsprotokoll vom 14. März 1656: May nit allein Lebendig Zuverbrennen, sondern auch ~~daß~~ mit glüenden Zangen reißn und andern Peinen mehr alß wohl meritirt [verdient], und beschuldet habe, damit sie aber Gnadt Zuverspühren, sonderbahr H[err] Strölein alß ein Mit Rathßfreundt. Als solle sie May mit dem Schwerdt vom leben zum Todt, und der Cörper Zu Aschen verbrendt werden.

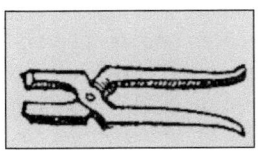

Zange zum „Reißen" (Bamberger Halsgerichtsordnung, 1510).

Endlich konnte die Ratssitzung fortgesetzt werden. Sie wurde noch einmal durch eine Anfrage des Scharfrichters Balthasar Spon unterbrochen. Der Ansbacher Scharfrichter hatte angeboten, Eva Peter, die Frau des Totengräbers zu enthaupten, weil sie seine Gevatterin war. Der Rat beschloss, Scharfrichter Spon *soll richten, was er kann.*

Danach wurde die Reihenfolge der Fahrt zum Hochgericht an der Nürnberger Straße festgelegt: Sibilla Bidermann kam auf den ersten Wagen, danach fuhren die 3 Katholischen, gefolgt von Margretha Link auf dem dritten Wagen.

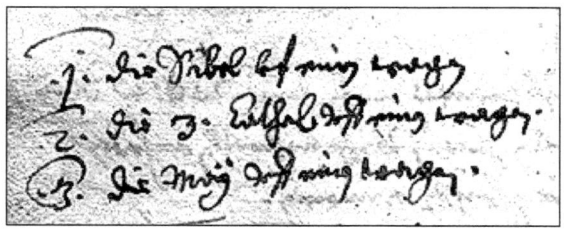

Ratsprotokoll vom 14. März 1656:
1. Die Sibel uf einen wagen
2. Die 3. Cathol[ischen] uff einen wagen.
3. Die May uff einen wagen.

Erst nachdem der Rat sich beim Ratsschreiber erkundigte und erfahren hatte, Frau Link bleibe bei ihrem Widerruf, füge sich aber in ihr Schicksal, wurde ihr Urteil ein allerletztes Mal von den Ratsherren bestätigt. Die Hinrichtung konnte ihren Lauf nehmen. Man ließ Stadtammann Hans Melchior Wildeisen in die Ratsstube holen, wo ihm Amtsbürgermeister Johann Oberzeller mitteilte, dass *Urteil und Recht* die Hinrichtung ergeben hätten. Danach übergab er ihm im Namen des *ganzen Rats* dieser *Heiligen Römischen Reichsstadt Dinkelsbühl* und *Kraft habender kaiserlicher und königlicher Majestät Privilegien* den Blutbann. Er befahl ihm, *mit Reitern, Knechten und der bewaffneten Bürgerschaft bis zum Hochgericht* zu reiten und Schutz zu geben, bis *alle fünf arme Sünderinnen* urteilsgemäß *vom Leben zum Tod und auf den Scheiterhaufen gebracht, und der aller Orten angezündet und mit hellem Feuer angebrannt worden* war. Zum Zeichen seiner Gewalt reichte ihm der Amtsbürgermeister einen weißen Stab, den er nach dem Ablesen von *Urteil und Urgicht* zerbrechen sollte. Er wurde eigens darauf hingewiesen, sich durch einen Widerruf einer Verurteilten nicht beirren zu lassen.

Während die Ratsherren im Rathaus bis zur Vollzugsmeldung warteten, holte der Stadtammann die armen Sünderinnen im Amthaus am Rothenburger Tor ab und führte sie auf den Altrathausplatz in einen Kreis aus Bewachern. Nach dem öffentlichen Verlesen des Urteils zerbrach er den weißen Stab, die Verurteilten wurden auf ihrem jeweiligen Wagen zum Wörnitztor hinaus zur *Richtstatt* und zum *Hochgericht* gefahren.

Nach der Hinrichtung meldete der Stadtammann in der Ratsstube, die *Exekution* sei nach *Urteil und Recht* vollzogen worden. Sodann kam der Stadtwachtmeister herein und fragte an, ob er seine Wacht und die Musketiere entlassen könne. Damit endete die Gerichtssitzung.

Es blieb noch, die Bezahlung der *großen Unkosten* zu klären. Ratsjurist Paul Georg legte dar, dass einige Rechtsgelehrte meinten, die Obrigkeit könne neben der Leibessstrafe auch mit Gütern strafen, die Mehrheit der Juristen aber sei der Ansicht, weil die Hexen *am Leben gebüßt* hätten, sollten sie nicht *an ihren Gütern* abgestraft werden. Zumal, wenn unmündige Kinder zu versorgen wären.

Der Rat ließ erst einmal vom Steuerschreiber die Unkosten vom *Hexenzeug* auflisten. Anfang Mai wurde das Verzeichnis der Ausgaben verlesen. Sie beliefen sich insgesamt auf 390 Gulden, 6 Pfund und 1 Pfennig. Zur Feststellung der Vergütung der am Prozess beteiligten Personen und zur Festsetzung der zu bezahlenden Endbeträge wurde ein Ausschuss eingesetzt.

Anfang Juni wurde in der Ratssitzung beschlossen, was die Ehemänner oder Verwandten für die fünf hingerichteten Frauen und die im Gefängnis Verstorbene an Prozesskosten und Strafgeld an die Stadtkammer zahlen sollten: Metzger Melchior Link der Jüngere 450 Gulden, Goldschmied Hans Peter Bidermann 100 Gulden, die Verwandtschaft der Schneeballenmacherin Catharina Deubler (Schneider Michel Merklein mit Frau) 50 Gulden, Totengräber Martin Peter 50 Gulden, der Lichtermacher Simon Buckel 150 Gulden. Für die Kellerin Anna Strauß konnte man nichts einfordern, sie war keine Bürgerin und hatte hier keine Verwandtschaft. Insgesamt sollten 800 Gulden und damit rund das Doppelte der errechneten Unkosten bezahlt werden.

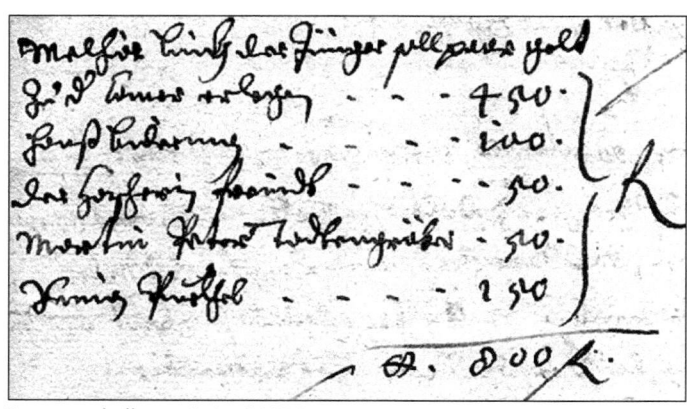

Ratsprotokoll vom 3. Juni 1656:
Melchior Link der Jünger soll paar gelt
zu der Camer [Stadtkasse] erlegen ... 450.
Hanß Biderman                     ... 100.
Der Hascherin [Deubler] freundt    ... 50.
Martin Peter Todtengräber          ... 50.
Simon Puckel                      ... 150
                                   800 fl [Gulden]

Gegen Ende Juli bat Metzger Melchior Link um Nachlass *der an-*
*gekündeten Straf wegen seines verbrannten Weibs.* Unterstützt
wurde er von seinem Schwiegersohn, dem Ratsherrn Andreas
Strölein: Man möge in Anbetracht seiner Beteiligung an den
*vorbeipassierten Kriegsläuften*, dem vergangenen Dreißigjährigen Krieg, die Bußzahlung verringern. Auch die anderen baten
*inständig* um eine Minderung. Tatsächlich beschloss der Rat Anfang September nach mehreren Bittgesuchen und dem Auftreten von Fürbittern, obwohl man *bei der diktierten Straf zu ver-*
*bleiben* das Recht habe, wolle man *die Milde der Schärfe vorzie-*
*hen und jedem an seiner Straf ein Drittel nachlassen.* Aber die
verbleibenden Summen sollten bis Samstag in acht Tagen bar
in der Stadtkammer abgeliefert werden, sonst würde es bei der
ganzen Strafzahlung bleiben.

Allerdings hatte Metzger Melchior Link Zahlungsprobleme,
weshalb ihm das Gefängnis drohte. Sein Ex-Schwiegersohn,

Goldschmied Hans Peter Bidermann, hatte nämlich eine Klageschrift eingereicht, weil Link die festgesetzten 100 Gulden Hei-
ratsgut für seine hingerichtete Frau Sibilla noch nicht erhalten
hatte. Link musste den Rat um einen weiteren Nachlass bitten,
*obzwar ihm schon 1/3* von 450 Gulden auf nun *300 Reichstaler
Straf nachgelassen* worden war. Wieder setzte sich sein
Schwiegersohn Ratsherr Strölein für ihn ein: Man möge seinen
Schwiegervater *als einen alten Bürger, und welcher bei den
Kriegswesen viel ausgestanden,* nicht ins Gefängnis setzen. *An
barem Geld wären keine Mittel, wohl aber an Feldgütern vorhanden.* Daraufhin entschied der Rat, Link solle am nächsten
*Samstag 100 Reichstaler Bargeld* an die Stadtkammer zahlen,
weitere 100 Reichstaler könne er mit seinen offenen Forderungen an die Stadt verrechnen. Selbst das konnte Melchior Link
nicht. So bat sein Schwiegersohn, Ratsherr Strölein, noch einmal, die *Straf der 300 Gulden auf 200 Gulden* nachzulassen. Er,
Strölein, könne in 14 Tagen 100 Gulden in bar bezahlen und
weitere 100 Gulden möge die Stadt von Links Forderungen ab-
rechnen. Wenn aber keine Minderung auf 200 Gulden möglich
sei, *ob die 300 Gulden völlig ihm abgeschrieben möchten werden.* Er übergab eine genaue Aufstellung von Links erheblichen
Forderungen an die Stadt über 979 Gulden 1 Pfund 1 Heller.
Man einigte sich schließlich darauf, dass Ratsherr Strölein 100
Gulden für Link erlegen und *das Übrige* von Links Ansprüchen
abgerechnet werden sollte.
Nach einer Dauer von 13 Monaten fand der größte Dinkelsbühler Hexenfall seinen Abschluss mit einer ungewöhnlichen Maß-
nahme. In der Ratssitzung am 30. Oktober 1656 wurde unter
Amtsbürgermeister Volbrecht Schad beschlossen, die *Hexenacta zu sich in Verwahrung* zu nehmen. Am nächsten Tag
wurden die Akten von *No. 1 bis 57 inclusive* dem Geheimen Rat
übergeben und dann *in das Trühlein in der Ratsstube verwahrlich getan.* Sie wurden unter Verschluss gehalten, die anderen
Räte erhielten keinen Einblick. Grund dafür kann nur die Fallvertuschung der am schwersten belasteten Ratsfrauen Strölein
und Laur gewesen sein.

Ratsprokoll vom 30. Oktober 1656: actum den andern tag darauff, seindt diße acta durch den Statt- und Rathschreiber H[erren] burgermaister und geheimben von No. .1. biß 57. inclusive eingeantwortt, und von Inen dan in dz Trüglein in der Ratsstuben verwahrlich gethan worden.

### 1655/56 Ratsfrauen Ursula Strölein und Laur
*... dass diese beiden Frauen die meisten indicia haben ...*
*... in das Trühlein in der Ratsstube verwahrlich getan ...*

**Bezichtiger_in** *Goldschmied Hans Peter Bidermann, seine Frau Sibilla Bidermann*
**Ursache** *Bösartigkeit, Bezichtigung nach Folter*
**Urteil** *Keines, die Fälle wurden vom Geheimen Rat unterdrückt*

Bereits beim ersten Verhör der Eheleute Bidermann und deren Dienstmagd am 17. September 1655 durch den evangelischen Juristen Paul Georg beschuldigte der Goldschmied Hans Peter Bidermann nicht nur seine Frau Sibilla, sondern wahrscheinlich auch deren Schwester Ursula, verheiratet mit dem Ratsherrn Andreas Strölein, wie auch deren Mutter Margretha Link. Ebenso waren zwei Bürgermeister verwickelt, vermutlich auch die Frau von Ratsherrn Laur. Dies wurde in der ersten Ratssitzung am 24. September nur angedeutet. Jedenfalls erhielten Ratsherr Strölein und die beiden Bürgermeister diejenigen Teile der Verhörprotokolle, die sie betrafen: *Denn gleich wie beiden Herrn Bürgermeistern von den Verhören parte [Teile] gegeben worden, was ihre Personen concernirt [betroffen] hat, also auch Herrn Strölein billig zu willfahren es sei.* Auch er bekam einen Auszug, *soviel sein und seiner Frauenpersonen und zu ihrer Ehren defension [Verteidigung] betrifft.*

Im Dezember gestand Sibilla Bidermann unter der Folter dann verschiedene Hexensachen ihrer Schwester Ursula Strölein, die jedoch nicht in den Ratsprotokollen genannt sind. Ihr Ehemann, Ratsherr Strölein, nahm als betroffener bis zum Prozessende nicht mehr an den Sitzungen teil. Und bei den Verhören am 16./17. Dezember bezogen sich Sibilla Bidermann und ihre Mutter Margretha Link mit ihrer Forderung zweifelsohne zumindest auf die Ratsfrauen Strölein und Laur: Sie *begehren, Ein Ehrsamer Rat wollen eine Gleichheit gebrauchen, nit allein den Armen, sondern auch den Reichen gleich ihnen den Prozess machen.* Sie erhofften sich eine mildere Strafe oder gar eine Prozesseinstellung.

Dieser Wunsch wurde dem Rat vorgetragen, die erhobenen Vorwürfe gegen die Ratsfrauen blieben dabei weiterhin unausgesprochen.

Ein anderer ungewöhnlicher Vorgang, der sicherlich mit den Anschuldigungen der Ratsfrauen Strölein und Laur zusammenhing, ereignete sich in der Sitzung des Inneren Rats am 24. Januar 1656. Im Ratsprotokoll sind ihre Namen nicht genannt, aber als man die Verlesung der jüngsten Verhöre ankündigte, zog sich der Geheime Rat, also die zwei Bürgermeister und die zwei Geheimen Räte, mit den beiden Juristen überraschend in das *Umgelterstüblein* im Rathaus zurück. Sie verhinderten betreffende Informationen.

Nach den Ratssitzungen waren in der Stadt Prozesseinzelheiten bekannt geworden, weshalb die beiden Juristen Anfang Februar einen Ratsbeschluss herbeiführten. Künftig sollten sie zuerst dem Geheimen Rat die Verhörprotokolle vortragen, und auf ihren Beschluss danach dem gesamten Inneren Rat.

So fassten die Juristen Georg und Dr. Benz am 14. Februar im Geheimen Rat in der Nachmittagssitzung das brisante Ergebnis zusammen, das ihr juristisches Gewissen belastete. Es ging um die bezichtigten Ratsfrauen und deren Beteiligung am Hexenwerk, was im Inneren Rat bis jetzt nicht verhandelt worden war. Die Juristen hatten aus den Protokollen bei Frau Strölein 12 Indizien zusammengetragen, bei Frau Laur 11. Unter allen Bezichtigten hatten *diese beiden Frauen die meisten indicia.* Der unter der Hexerei selbst leidtragende evangelische Jurist Georg gab zu bedenken, *weil dieses Laster* offenbar sei, könne *Ein Obrigkeit nicht umgehen, sondern seien schuldig, das selbige auszureitten.* Im Geheimen Rat wurde dann auch beschlossen, es vor den gesamten Rat zu bringen, aber nichts zu übereilen. Bis auf weiteres blieben diese Fälle dem gesamten Rat vorenthalten.

Nachmittagsprotokoll des Geheimen Rats vom 14. Februar 1656: wider zesammen zekhommen, und von dißer Hexerey sachen weiters zu deliberiren, hette dabey der Fraw Strölerin indicia auß den Protocollen gezogen, daß sich deren in die .12. befinden. Ingleichen auch der Fraw Laurin ~~auch~~ .11. indicia abgelessen, und gibt anbey sein unvorschreiblich [unmaßgeblich] gemüeth mainung, daß er under denen angegebenen Persohnen befinde, daß dieße beede Frawen die maiste indicia haben,

Erst vier Tage später fand eine weitere Sitzung des Geheimen Rats statt. Erneut drängten die Juristen darauf, die Hexereibeteiligung der Ratsfrauen zu verhandeln. Sie brachten vor, *dass man über 8 Tag lang in der Hexerei Sachen nichts vorgenommen* habe, *man müsse auch die Frau Laur ablesen. Es möchte sonst inskünftig ein wunderbarlich Aufsehen bekommen,* Herr Laur und Herr Strölein müssten den Sitzungen fern bleiben. Darin waren die Konfessionsparteien unterschiedlicher Meinung. *Die Herren Katholischen wollen den Herrn Laur* nicht von der Ratssitzung ausschließen, die Evangelischen hingegen schon. Der Geheime Rat wollte am nächsten Morgen bereits um 8 Uhr zusammentreten, um einen Beschluss zu fassen, danach sollte der Innere Rat zur Sitzung geladen werden.
Tatsächlich aber fand die nächste Sitzung des Geheimen Rats zwei Wochen später statt, und erst einige Tage danach ergab sich eine günstige Gelegenheit.
Am 7. März 1656 fand vormittags wieder eine Sitzung des Geheimen Rats statt, und die Juristen bestanden darauf, dass man im Gesamtrat die vorhandenen Berichte ablesen müsse und *in der Sache* weiter verfahre. Noch einmal wollten die Herren abwiegeln, sie wandten ein, die zwei Fischherren, die Beauftragten der Fischereiwirtschaft, wären beim Fischaussetzen, und deshalb sei der Rat nicht vollzählig. Einer der Fischherren war nämlich eben Ratsherr Laur, dessen Frau beschuldigt war – Strölein nahm schon länger nicht mehr an den Sitzungen teil. Aber es wurde dann doch beschlossen, sofort den Inneren Rat einzuberufen, und weil ein weiteres Hinausschieben *die Sach*

nicht leiden wolle, solle man in Gottes Namen den Bericht vortragen, *ob schon beide Fischherren nicht dabei seien.*

In der kurzfristig anberaumten Ratsversammlung betonte der evangelische Ratsjurist Georg, dass mehrere Verhöre vorhanden sind, *welche man auch gern längst abgelegt* hätte. Herr Laur habe das verhindert. Nun könne man *diese examina, confrontationes und revocationes [Verhöre, Gegenüberstellungen und Widerrufe]* ablesen. Dabei wurde klar, dass Sibilla Bidermann zuletzt bestätigt hatte, *es sei alles wahr,* was sie über ihre Schwester Ursula Strölein ausgesagt hatte. Einzelheiten zu den 12 beziehungsweise 11 Hexerei-Indizien der Ratsfrauen Strölein und Laur werden im Ratsprotokoll nicht erwähnt.

Die Fallvertuschung der schwerst belasteten Ratsfrauen mündete in einer ungewöhnlichen Geheimhaltung: Auf Ratsbeschluss wurden die *Hexenacta* am 31. Oktober 1656 dem Geheimen Rat übergeben und dann *in das Trühlein in der Ratsstube verwahrlich getan.*

### 1655/56 Lichtermacherfrau Margaretha Susanna Buckel
*… keine Empfindlichkeiten an der Tortur empfunden …*

**Bezichtigerinnen** Sibilla Bidermann und ihre Mutter Margaretha Link
**Ursache** Bezichtigung nach Folter
**Urteil** Todesurteil, vor der Hinrichtung im Amthaus verstorben

Am 17. September 1655 war Sibilla Bidermann von ihrem Ehemann, dem Goldschmied Hans Peter Bidermann, des Giftmords beschuldigt worden. Nach fast dreimonatiger Haft zog man sie am 8. Dezember erstmals an der *Tortur* hoch, dabei bezichtigte sie zwei katholische Frauen, Catharina Rieger und Margaretha Buckel, die Frau des Lichtermachers Simon Buckel. Vermutlich jener Buckel, der vor eineinhalb Jahren gegen Catharina Rieger geklagt hatte, weil sie seine Frau als Hexe verschrie.

Die Ratsjuristen Georg und Dr. Benz teilten in der Sitzung des Geheimen Rats mit, es gäbe genug Indizien, *also könne man dero wohl nicht verschonen.* Der Geheime Rat beschloss, *die Sach soll dem ganzen Rat vorgebracht werden.* Am nächsten Tag führte Georg in der Ratssitzung aus, *man müsse mit der Pucklin* eine Konfrontation mit Sibilla Bidermann vornehmen, *weil sie ohnedas die Venus füehrrin [Teufelin] genannt wird.* Dies sei aktenkundig. Der Schleifer, der Stadtpolizist, zitierte Margaretha Buckel ins Amthaus.

Schon einen Tag später teilte Dr. Benz mit, dass man sie aufgrund der Gegenüberstellung im Amthaus habe festsetzen müssen. Er stellte die Frage, *ob Ein Ehrsamer Rat den Rechten gemäß mit dem Prozess verfahren oder einstellen wollen. Er könne anderster nicht sehen, als dass man verfahr.* Zuerst *in der Güte. So diese nichts fruchtet, mit der Tortur.* Sein evangelischer Kollege Georg bestätigte, dass man *die Konfrontation den Rechten gemäß vorgenommen* habe, aber Margaretha Buckel sich zu nichts bekennen wollte. Daher sei *die Tortur* vorzunehmen.

Es wurden weitere *güt- und peinliche Verhör, auch Konfrontation* der *drei im Amthaus verhafteten Weibspersonen* Sibilla Bidermann, Margretha Link und Margaretha Buckel angeordnet. Aus Margaretha Buckel war *nichts zu erpressen* gewesen. Aber, so legten die Juristen dem Rat dar, man müsse aufgrund der Indizien und der Rechtslage den Prozess fortsetzen. Und Georg ergänzte, dass Margaretha Buckel *keine Empfindlichkeiten an der Tortur empfunden oder einige Treher [Tränen] aus ihren Augen gelaufen* seien. Das seien Indizien genug, *dass sie mit der Hexerei beladen* sei.

Die Ergebnisse der erneuten Befragungen wurden in der Ratsversammlung am 18. Dezember 1655 abgelesen. Georg erklärte, Margaretha Link und ihre Tochter Sibilla Bidermann wollten *leben und sterben* auf ihre Aussage, *dass die Pucklin ihre Gesellin* sei. *Zudem sei sie auch in der ganzen Stadt in diesem bösen Geschrei und Argwohn.* Nun könne man sie in Ruhe lassen, bis die anderen verdächtigten Frauen ausgesagt hätten. Dem stimmte der Rat zu.

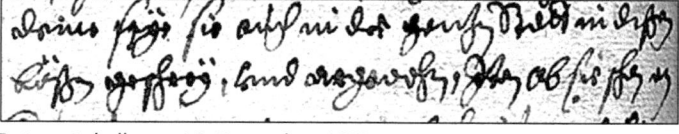

Ratsprotokoll vom 18. Dezember 1655:
seye sie auch in der ganzen Statt in dißen
bößen geschrey, und argwohn,

Anfang Januar 1656 hatte man einen *Augenschein* vorgenommen und Margaretha Buckel auf Hexenmale untersucht. Dabei hatte man sie in ihrer Zelle *hockend auf allen Vieren gefunden.* Die Juristen hatten bemerkt, dass es *nicht vertraulich* im Gefängnisvollzug zuging, unter anderem beim Gefängnisaufseher *Stadtknecht* Schwarz. So sei *der Pucklin Tochter bei der Mutter vor ihrem Bett gewesen.* Die beiden Juristen erreichten, künftig die Verhörprotokolle zuerst dem Geheimen Rat vorzutragen, und auf dessen Beschluss danach dem ganzen Rat.
Bis Mitte Februar hatte es zahlreiche Gegenüberstellungen und Vernehmungen gegeben, die dem Geheimen Rat von beiden Juristen vorgetragen wurden. Eine weitere Frau war beschuldigt worden, Margretha Bäck, eine ehemalige Hauswirtschafterin aus Merkendorf. Margaretha Buckel wurde ihr zweimal gegenübergestellt. Diese gab aber offensichtlich keine Hexereien zu, sie wurde freigelassen. Aber gegen Margaretha Buckel gab es Vorwürfe *wegen Butterns.* In ihrem Beisein warfen ihr Wendel Groß und Andreas Schaumberger in der Rathauskanzlei das Hexenwerk des Milchdiebstahls vor.

In der Ratssitzung am 11. März 1656 wurde dann beschlossen, allen fünf verurteilten Frauen ihren *Rechtstag*, ihre Hinrichtung am 14. März, mitzuteilen und von ihnen ein letztes gütliches Geständnis zu erhalten. Sibilla Bidermann bestätigte ihre Denunziation Margaretha Buckels, dagegen widerrief ihre Mutter, Margaretha Link, alles insgesamt und beharrte trotz Ermahnungen darauf. Auch die Totengräberfrau Eva Peter widerrief und sagte, *dass sie allen habe Unrecht getan.* Das Ergebnis wurden den Räten eröffnet, es blieb trotz der Widerrufe beim festgelegten Hinrichtungstag.

Die erkrankte Margaretha Buckel starb einen Tag vor ihrer Hinrichtung in der Zelle. Ihr Mann Simon Buckel reichte dann am Hinrichtungstag eine Bittschrift ein, er bat um eine Friedhofbestattung in geweihter Erde. Dagegen wandten die beiden Juristen ein, dass sie aufgrund der Akten eine überführte Person sei. *Also könne ihr Leichnam an kein ander Ort als unter das Hochgericht begraben werden.* Der Rat ließ Simon Buckel holen und ihm vom Schreiber mitteilen, er bekomme *wegen seiner eingegebenen und mit Unwahrheitsgrund gestellte Supplikation einen starken Verweis,* er solle von dergleichen absehen, um keine andere Strafe zu erhalten.

Zwei Monate nach der Hinrichtung der fünf Hexen wurde den Angehörigen die *dictierung der Strafen vorgelesen.* Simon Buckel sollte 150 Gulden bezahlen. Dem Rat wurden mehrere Bittschriften wegen Bußgeldminderung übergeben, darunter auch eine von Simon Buckel. Er protestierte darin, *sein Weib sei mit der Hexerei nicht begriffen gewesen,* er *also auch keine Straf zu erlegen schuldig sein werde.* Die Bittsteller wurden mit dem Bescheid nach Hause geschickt, *dass der Sachen zu Recht geschehen solle.*

Den wiederholten Ungehorsam Simon Buckels gegenüber der Obrigkeit ließ sich der Rat nicht bieten. Man setzte ihn im Juli in ein Narrenhaus. In der Ratssitzung erschienen daraufhin fünf Fürbitter, darunter zwei Ratsherren, und baten um Buckels Entlassung. Denn, er habe sein Gesuch *selbst nicht verstanden. Bittet um Gnad,* er wolle das alles *in Ewigkeit nimmermehr* denken. Der Rat wollte wissen, wie Buckel sich jetzt zur Zahlung des

Bußgelds entschieden habe. Dieser bat um eine deutliche Verringerung, da ihn sein Weib ohnehin viel gekostet habe. Er habe sein Gesuch nicht so verstanden, *wie man's ihm ausdeute*, man möge ihn freilassen, damit er seinen Feldbau ernten könne.

Einen Monat später, im August, bat Simon Buckel nochmals um einen Nachlass seiner Strafzahlung. Außerdem bat er um Rückgabe des Betts seiner Frau, das sich noch im Amthaus befand. Die Beratung darüber wurde verschoben.

Tatsächlich beschloss dann der Rat Anfang September nach mehreren Bittgesuchen und dem Erscheinen von Fürbittern, das Bußgeld aller um ein Drittel zu verringern. Die verbleibende Summe sollte bar an die Stadtkasse gezahlt werden, wer dem nicht nachkam, sollte die volle Strafe entrichten.

Am 18. September 1656 wurde schließlich dem Rat über den Fortgang der Strafzahlungen berichtet. Der Lichtermacher Simon Buckel wollte von seinen schuldigen 100 Gulden sofort 50 Gulden bar zahlen, 25 Gulden vom Erlös der Kerzen an Michaeli begleichen, und die restlichen 25 Gulden mit seinen ausstehenden städtischen Verbindlichkeiten verrechnen. Damit endete der Hexenfall Margaretha Susanna Buckel.

**1655/56 Catherina Rieger**
*... in Augenschein ...*

**Bezichtigerin** *Sibilla Bidermann*
**Ursache** *Bezichtigung nach Folter*
**Urteil** *Keines*

Sibilla Bidermann war von ihrem Ehemann, dem Goldschmied Hans Peter Bidermann, am 17. September 1655 des Giftmords beschuldigt worden. Nach fast dreimonatiger Haft zog man sie am 8. Dezember erstmals an der *Tortur* hoch, dabei bezichtigte sie die katholische Catharina Rieger. Diese war bereits vor eineinhalb Jahren angeklagt gewesen, weil sie die Frau eines gewissen Simon Buckel als Hexe verschrien hatte.

Dies teilten die Ratsjuristen in der Sitzung des Geheimen Rats am 9. Dezember mit, der beschloss, *die Sach soll dem ganzen Rat vorgebracht werden.* In der Sitzung des Inneren Rats am folgenden Tag wies man den *Schleifer* an, Catharina Rieger ohne Begründung ins Amthaus zu zitieren. Sie sollte ihrer Denunziantin Sibilla Bidermann gegenübergestellt werden.

Schon am Tag darauf wurde in der Ratssitzung das Protokoll der Konfrontation abgelesen. Catharina Rieger konnte sich entlasten und wurde bis auf weiteres entlassen.

Allerdings verhaftete man sie im neuen Jahr, und am 8. Januar 1656 wurde im Amthaus *Augenschein* vorgenommen. Ihr Körper wurde nach auffälligen Hexenmalen abgesucht. Offenbar konnte man aber nichts Belastendes finden, in den Ratsprotokollen wird sie nicht mehr erwähnt.

### 1655/56 Tuchschererfrau Walburga Mangoldt (Goggelhopfin) Hirtenfrau Susanna Stadtmüller (Segringer Hirtin)

*... die Weiber hätten sie falsch angeben ...*
*... ihr ihre Kindlein zukommen lassen ...*

**Bezichtigerinnen** *Sibilla Bidermann und ihre Mutter Margaretha Link*
**Ursachen** *Bezichtigung nach Folter*
**Urteil** *Verbannung*

Sibilla Bidermann war von ihrem Ehemann, dem Goldschmied Hans Peter Bidermann, am 17. September 1655 des Giftmords beschuldigt worden. Sie gab ihre Mutter Margaretha Link als ihre Lehrmeisterin an. Nach über dreimonatiger Haft bezichtigten sie gemeinsam nach Folterungen und wiederholten Verhören zwei weitere Frauen: Walburga Mangoldt, die Frau des Tuchscherers Michel Mangoldt, und die Frau des Hirtens im Segringer Stadtviertel, Susanna Stadtmüller. Die Ratsjuristen Georg und Dr. Benz teilten in der Ratssitzung am 18. Dezember 1655 mit, dass die erwiesenen Hexen Bidermann und Link *inständig* eine *Konfrontation* mit ihnen begehrten. Dem möge der Rat entsprechen, denn ohne Gegenüberstellung würden Tochter und Mutter wohl ihre Bezichtigungen widerrufen. Wenn sich aber die beiden *Weiber purgiern [reinwaschen] können, könnten sie wohl bis auf weitere eingewandte Indizien wieder nach Hause gelassen werden.* Georg merkte an, der Rat könne der Sachlage nach, *diese beiden Weiber auch gleich im Amthaus* einsitzen lassen. Er erinnerte daran, dass Sibilla Bidermann ausgesagt hatte, dass die Stadtmüller behaupte, Sibillas Bruder, Melchior Link der Jüngste, verleumde den Hirten, aber *dass die Hirtin ihren Mann [...] selbst verleumdet* hat.

Daraufhin holte der *Schleifer*, der Stadtpolizist, beide Frauen ins Amthaus, wo die Konfrontationen zwei Tage später vorgenommen wurden. *Weil die Verhafteten Ja und die andern 2 Weiber Nein sagen und nichts geständig, also sind sie bis auf bessere einlangende [eingehende] Indizien wieder nach Haus gelassen.* Es wurde ihnen Stillschweigen auferlegt.

Einige Tage später widerrief Margaretha Link ihre Bezichtigungen, die sie *aus Anstiftung des leidigen Teufels auch für Trutten [Druden, Hexen]* angegeben habe. Doch am 24. Januar 1656 trug der evangelische Jurist Georg in der Ratsversammlung vor, auf wen die meisten Indizien fielen, nämlich auf die Segringer Hirtenfrau Susanna Stadtmüller, die Tuchschererfrau Walburga Mangoldt und die Totengräberfrau Eva Peter. *Weil diese drei*

*Weibspersonen sehr schädliche Leut seien,* müssten sie ins Gefängnis. *Denn er zweifle gar nicht,* dass Schreckliche Sachen herauskämen. Sein katholischer Kollege schloss sich dem an. Es *sei die Obrigkeit schuldig, [...] das Übel abzustrafen.* Aber *vor allem müss man wissen, wohin diese Weiber bei so großer Kält* untergebracht werden sollen.

Weil es keine geeigneten Unterkünfte gab, wollte der Rat nur die neuesten Verdächtigen, die Totengräberfrau Peter und die Hauswirtschafterin Anna Strauß, festnehmen. Der Jurist Georg wandte ein, dass dies der peinlichen Halsgerichtsordnung Karls V. widerspreche. *Denn die Frauen Stadtmüller und Mangoldt hätten die meisten Indizien.* Man sollte alle vier gefangen nehmen, eine Verzögerung würde das Hexenwesen nur fördern. Nach erneuter Beratung wurde beschlossen, *alle 4 in dem Amthaus oder anderswo* unterzubringen. Susanna Stadtmüller und Walburga Mangoldt wurden zusammen mit den anderen zwei Frauen noch am selben Nachmittag verhaftet.

Anfang Februar fanden mehrere Verhöre und Gegenüberstellungen aller Frauen statt. Die Protokolle trugen die beiden Juristen am 14. Februar 1656 zuerst dem Geheimen Rat vor, so wie es zu Monatsanfang beschlossen worden war. Die Hirtenfrau Susanna Stadtmüller lag in der Gefängniszelle im Erdgeschoss der Spitalverwaltung, über der sich an der Hausecke die Wandbemalung mit einer abgeschlagenen Hand auf dem Richtblock befindet. Sie und die Tuchschererfrau Walburga Mangoldt wurden verhört und danach mit Sibilla Bidermann und den anderen Frauen konfrontiert.

Die Fälle Stadtmüller und Mangoldt kamen drei Wochen später in der Vormittagssitzung des Geheimen Rats zur Sprache. Der Jurist Georg trug vor, die Hirtenfrau Susanna Stadtmüller und die Tuchschererfrau Walburga Mangoldt wollen *ganz und gar rein sein. Die Weiber hätten sie falsch angeben. Man gehe mit ihnen um, wie man wolle. Wollten alles wie der heilig Job [Hiob] geduldig leiden.*

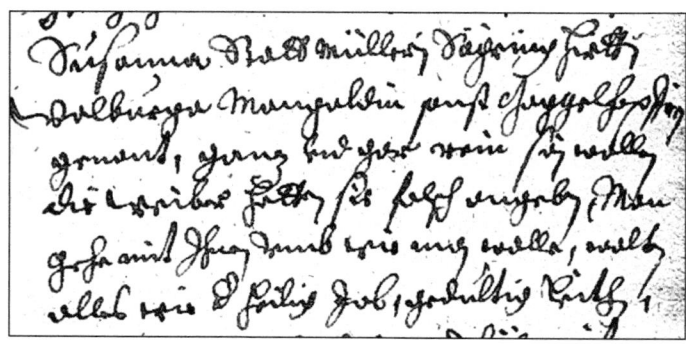

Protokoll des Geheimen Rats am 7. März 1656: Susanna Statt Müllerin Sägring Hirttin Walburga Mangoldin sonst Goggelhopffin genant, ganz und gar rein sein wollen die Weiber hetten sie falsch angeben, Man gehe mit Ihnen umb wie man wolle, wolten alles wie der heilig Job, gedultig leithen,

In der eilig für den Nachmittag anberaumten Sitzung des gesamten Rats wurde die Hinrichtung  der fünf als *Unholden* erkannten Frauen behandelt.

Als man den fünf Frauen ihren *Rechtstag* für den 14. März mitteilte und von ihnen ein letztes gütliches Geständnis erhalten wollte, bestätigte nur Sibilla Bidermann die Denunziation der *Segring Hirtin* Susanna Stadtmüller und der *Goggelhopfin,* Walburga Mangoldt. Dagegen widerrief ihre Mutter Margaretha Link alles insgesamt und blieb trotz Ermahnungen dabei. Auch die Totengräberfrau Eva Peter widerrief ihre Bezichtigungen und sagte, *dass sie allen habe Unrecht getan.*

Zwei Wochen nach der Hinrichtung  meldete in der Ratssitzung der Stadtknecht Schwarz, dass die Stadtmüller *auf dem Turm erschrecklich schreie,* und ob man sie nicht anderswo unterbringen könne. Man beschloss, wenn sie mit dem Schreien aufhören würde, solle sie in *das andere Stüblein gelegt* werden, wenn sie aber wieder nicht *still sein würde*, käme sie *in ein unter Gewölb*, nämlich in den Keller des Amthauses. Man wollte dazu die Meinung der Juristen hören, die sich nicht einig waren. Dr.

Benz meinte, *sie solle in das Stüblein,* Georg dagegen, man soll's *in eins Truttn Gewölb legen.*

Es kam zu einer Prozesswende. In der Ratssitzung am 9. Mai 1656 erinnerten die Juristen daran, dass beide Frauen seit ihren Verhören Anfang März *auf ihrer halsstärrig und verstockten Gemüten beständig verbleiben. Dass sie keine Unholden seien*, *sondern die verbrannten Weiber hätten sie unrecht* bezichtigt. Sie hofften, *Gott werde sie deswegen schon abgestraft haben. Man gehe um mit ihnen um, wie man wolle. Wollten alles geduldig leiden, geben der Obrigkeit kein Schuld, sondern den verbrannten Hexen*.

Zuerst unterbreitete der katholische Jurist Dr. Benz seine Urteilsvorschläge. Die Hirtenfrau Susanna Stadtmüller *sei nicht allein mit der fallenden Sucht, sondern auch mit ihres Darms Ausgang stark behaftet.* Deshalb könne man keine Tortur anwenden. Er schlug vor, sie könne nach ihrem Versprechern, das Urteil anzunehmen und sich nicht zu rächen, die Stadt samt Territorium verlassen. Die Tuchschererfrau Walburga Mangoldtin hielt er für ungefährlich. Sie, *so es der Mann annehmen wollte, könnte nach Haus geschafft* werden und in Hausarrest bleiben. Auf Verlangen müsste sie sich stellen.

Etwas anderer Ansicht war der evangelische Jurist Georg. Er war überzeugt, *beide Weiber seien nur rechte Hexen, da die 5 verbrannten Weiber auf sie bekannt, auch ihnen unter das Gesicht gesagt* hätten. Seiner Meinung nach sollte Walburga Mangoldt ebenso abgestraft werden, damit *einer wie der andern geschehe. Weil diese beiden Weiber* zu keinem Bekenntnis *können gebracht werden, weder güt- noch peinlich,* also könnte Susanna Stadtmüller mit ewiger Verbannung *abgestraft werden.*

Nach der Umfrage im Rat, *was mit den beiden Weibern anzufangen und wie sie abzustrafen* seien, wurde beschlossen, Susanna Stadtmüller *Stadt und Territorium ewig* zu verbieten, Walburga Mangoldt aber *noch ein Viertel [Jahr] im Amthaus* in einem *Stüblein* inhaftiert zu lassen.

Susanna Stadtmüllers Strafvollzug erfolgte am 7. Juni. Im Beisein der beiden Ratseiniger und Schreiber schwor sie mit erhobener Hand, dem Urteil nachzukommen und sich an niemandem zu rächen. *Allein bitte sie, Ein Ehrsamer Rat wollen ihr ihre Kindlein zukommen lassen.* Dann wurde sie, begleitet von zwei Stadtknechten, zum Nördlinger Tor hinaus und zur Bildsäule hinter der Neumühle geführt, die an der Mönchsrother Straße die Stadtgrenze markierte.

Damit wäre der Hexenfall Susanna Stadtmüller für den Rat abgeschossen gewesen. Doch der städtische Hirte im Segringer Viertel Hans Ulrich Stadtmüller hatte soziale Probleme. Er stellte im Juli das Bittgesuch, *ob Ein Ehrsamer Rat* sein vor sechs Wochen aus dem Dinkelsbühler Land verbanntes Weib *wieder möchten begnadigen und in die Stadt lassen.* Der Rat hielt Rücksprache mit den Juristen. Anfang Oktober supplizierte er erneut wegen seiner Frau. Der Junker von Knöringen hatte sie aufgenommen, er wurde deshalb als Narr verspottet und wollte sie nun *nicht länger gedulden.* Der Segringer Hirte Stadtmüller bat nun darum, sie bis zu seinem Dienstende *zu ihm in die Stadt* zu lassen. Vom Rat wurde *sein Begehren ganz abgeschlagen.* Er solle *sehen, wohin er's bis dahin unterbringe,* sie würde gewiss abgestraft, wenn sie die geschworene Anerkennung ihres Urteils nicht einhalte.

Im November 1656 wurde Hans Ulrich Stadtmüllers *Abschied* aus dem städtischen Hirtenamt beraten. Er *wolle sein fortun [Glück] weiters suchen.* Der Rat gewährte sein Ansuchen.

Doch im Fall Susanna Stadtmüller kam es nach mehr als vier Jahren am 31. März 1661 zu einer letzten Beratung. Hans Ulrich Stadtmüller versuchte noch einmal, seine Frau in die Stadt zu holen: *Der geweste Segringer Hirt, dessen Weib um gewisser Ursachen willen die Stadt verboten, bittet untertänig um die Landshuldigung für sein Weib.* Der Ratsbeschluss lautete: *Sein Begehren ganz abgeschlagen.*

Überraschend endete der Fall der Tuchschererfrau Walburga Mangoldt ebenso. Ihr Mann meldete sich in der Ratssitzung am 17. Juni 1656 an und ließ *Einen Ehrsamen Rat untertänig erin-*

*nern,* dass *sein Weib 20 Wochen in Einem Ehrsamen Rat Ge-*
*fängnis* sei. Er bat um ihre Entlassung, denn es sei *ihm nicht*
*möglich, seine Frau solchergestalten zu erhalten.* Der Rat wollte
hierzu die Juristen anhören. Der katholische Jurist Dr. Benz
schloss sich jetzt seinem evangelischen Kollegen an, Walburga
Mangoldt aus der Stadt zu verbannen. Jedoch der Rat entschied, sie zwischen ewiger Verbannung oder lebenslänglichem
Gefängnis wählen zu lassen. Sie äußerte, *sie sei kein Hex* und
wolle auch nicht *in dem Amthaus als ein Hex sterben.* So wurde
Walburga Mangoldt zum Tor hinaus geführt. Nach „Ernst Kerns
Geschichte" soll sie später Mesnerin an der südlich der Stadt
gelegenen St. Ulrichskapelle gewesen sein.
Bald nach der Ausweisung seiner Frau bat Tuchscherer Michel
Mangoldt um *seines Weibs Bett im Amthaus*, *welches er zu ver-*
*kaufen bed*ürftig, *um Bezahlung der gemachten Schulden we-*
*gen seines Weibs.* Damit endete dann der Hexenfall Walburga
Mangoldt.

**1656 Totengräberfrau Eva Peter (Totengräberin)**
**Kellerin Anna Strauß (Lange Anna)**
*... den Leuten Unrecht getan ...*
*... darauf zu leben und sterben begehrt ...*

**Bezichtigerinnen** *Sibilla Bidermann und Mutter Margaretha Link*
**Ursachen** *Bezichtigung nach Folter*
**Urteile** *Scheiterhaufen, am Hinrichtungstag zum Schwert begnadigt,*
*enthauptet und zu Asche verbrannt*

Von der Verhaftung der beiden Frauen bis zu ihrer Hinrichtung
vergingen nur sieben Wochen. Sibilla Bidermann war von ihrem

Ehemann, dem Goldschmied Hans Peter Bidermann, am 17. September 1655 des Giftmords beschuldigt worden. Nach viermonatiger Haft gaben sie und ihre Mutter Margaretha Link am 18. Januar 1656 die Frau des Totengräbers Eva Peter und die ehemalige Hauswirtschafterin Anna Strauß als Hexen an. Nach dem Ablesen der Verhörprotokolle in der Ratssitzung  ergriffen die Juristen das Wort. Der evangelische Jurist Georg nannte die Frauen, die seines Erachtens die meisten Indizien aufwiesen, das waren neben den schon im Dezember bezichtigten Frauen Susanna Stadtmüller und Walburga Mangoldt die neuerdings angegebene Eva Peter. Sie zählte zu den *sehr schädlichen Leut,* die ins Gefängnis gebracht werden sollten. *Denn er zweifle gar nicht, dass nicht erschreckliche Sachen herauskommen* würden. Sein katholischer Kollege Dr. Benz schloss sich dem an. Aber *vor allem müss man wissen, wohin diese Weiber bei so großer Kält* untergebracht werden sollen.

Wegen der fehlenden Unterkünfte, wollte der Rat zunächst nur die jüngst Verdächtigten, die Totengräberfrau Peter und die Hauswirtschafterin Anna Strauß, festsetzen. Das, meinte Georg, widerspreche der peinlichen Halsgerichtsordnung Karls V., denn die Frauen Stadtmüller und Mangoldt hätten die meisten Indizien. Man sollte *eben alle vier* gefangen nehmen, eine Verzögerung würde das Hexenwesen nur fördern.

Nach erneuter Beratung wurde beschlossen, *alle 4 in dem Amthaus oder anderswo* unterzubringen. Eva Peter und Anna Strauß wurden mit den Frauen Stadtmüller und Mangoldt noch am Nachmittag des 24. Januar verhaftet.

Drei Wochen später trugen die beiden Juristen in der vormittäglichen Sitzung des Geheimen Rats die Protokolle der vielfachen Verhöre vor. Die *güt- und peinliche Verhör, confrontationes mit der Sibill und ihrer Mutter* führten bei der Totengräberfrau Eva Peter zum Geständnis. Sie habe ihr Bekenntnis zwar nach der Folter widerrufen, sei dann aber *beharrlich* auf ihrer Aussage geblieben. Ebenso erging es der Hauswirtschafterin Anna Strauß, die seit vielen Jahren als Einwohnerin hier lebte.

Anfang März kam in der Sitzung des Geheimen Rats der Fall Eva Peter wieder zur Sprache. Laut Verhörprotokoll war die *Totengräberin* bei ihrem Bekenntnis geblieben, sie wollte *auch darauf leben und sterben*. Drei Tage später hieß es ebenso im Fall Anna Strauß, dass sie *bei ihrer Aussag beständig verbleibe, auch darauf zu leben und sterben begehrt.*

Die beiden Ratsjuristen drängten auf Sitzung des Gesamtrats, um die fünf Hexen zu verurteilen, die dann für den Nachmittag anberaumt wurde. Unter den zum Beweis abgelesenen Verhören ging es vor allem um die Denunziationen, die die *Unholden auf sich untereinander selbst und noch andere mit ihnen Interessierte bekannt haben.*

Die Juristen Georg und Dr. Benz waren sich einig, *dass das nächste sein werde, dass man mit den 5 Personen die dazu gehörige Exekution vornehme.* So auch an *Lang Anna [Strauß], Kellerin,* und *Eva Peterin, Totengräberin.*

Da alle bei ihren Aussagen blieben, beschloss der Rat ihre Hinrichtung für den nächsten Dienstag, den 14. März 1656, und beauftragte die Juristen *ihre Urteil* zu verfassen.

Nachdem sie im Geheimen Rat abgelesen worden waren, trugen die beiden Juristen dem Gesamtrat ihre *schriftlichen Bedenken* über die fünf Frauen vor, darunter Eva Peter und Anna Strauß, *welche nunmehr ihrer Hexereien halber bestandhaftig, auch alles, was eine oder die andere auf eine ausgesagt und sie selber begangen, dabei verblieben und darauf leben und sterben wollen.* Ihre Urgichten, die schriftlichen Geständnisse, wurden ebenfalls verlesen.

Den Frauen wurde der Rechtstag umgehend angekündigt. *Mit ihren in Händen habenden und tragenden weißen Stäb* gingen die beiden amtierenden Ratseiniger Walch und Brielmayr mit dem Stadt- und Ratsschreiber und beiden Stadtknechten in das Amthaus beim Rothenburger Tor.

Als man *Eva Peterin, sonst die Totengräberin genannt,* aus der Kellerzelle holte, *sollte ihr auch alles ordentlich vor- und abgelesen werden.* Doch sie zeigte sich *ganz alber,* und sagte, *dass sie allen habe Unrecht getan,* vor allem *den Feuchtwangern.* Bei ihnen habe sie gemeint, die Dinkelsbühler dürften ihnen nichts anhaben. *Und alleweil dabei nur geschrien, O mein Seel wird verdammt, da ich den Leuten Unrecht getan.* Trotzdem kündete ihr der ältere Stadtknecht den Rechtstag an, so wie es der Rat angeordnete hatte. Zuletzt bat sie noch *um ein gnädig Urteil.*

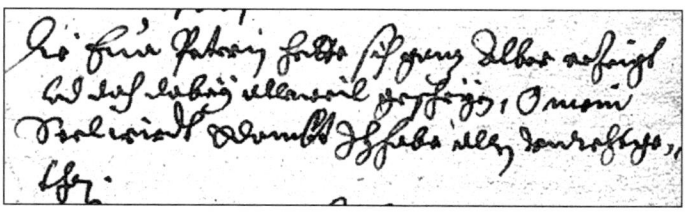

Ratsprotokoll vom 11. März 1656: Die Eva Peterin hette sich ganz Alber erzeigt und doch dabey alleweil geschryen, O mein Seel wirdt verdambt Ichhabe allen Unrechtgethan.

Dagegen bestätigte *Anna Sträussin, sonst die Lang Anna genannt, ein geweste Kellerin,* alle ihre Bekenntnisse und Denunziationen. Sie wollte *darauf leben und sterben,* und bat *um ein gnädig Urteil.* Also wurde ihr der Rechtstag für den 14. März angekündet.

In der Ratssitzung am Tag vor der Hinrichtung wurden alle Vorbereitungen angeordnet. Die Anzahl der Fuhren zum Hochgericht war auf drei bestimmt worden: Die drei katholischen Frauen Eva Peter, Anna Strauß und Catharina Deubler sollten gemeinsam auf einem Heuwagen zum Hochgericht gebracht werden. Auch die Reihenfolge der Hinrichtung wurde festgelegt, und zwar der Reihe nach, so wie die Frauen verhaftet worden waren. Anna Strauß sollte mitansehen, wie Sibilla Bidermann, ihre Mutter Margaretha Link und die Totengräberfrau Eva Peter enthauptet wurden.

Am 14. März 1656  vollzog man die Hinrichtungen. Ein letztes Mal wurden dem Rat die Urteile der Juristen *langsam und deutlich abgelesen,* dass sie *mit dem Feuer vom Leben zum Tod und*

*Aschen verbrannt werden sollen.* Da meldete sich im Rathaus die Verwandtschaft der ebenfalls verurteilten Margaretha Link an. Ihre Tochter Ursula war mit Ratsherrn Strölein verheiratet, weshalb sie durch *inständig um Gnade bitten* erreichten, dass der Scharfrichter alle Verurteilten enthauptete und nicht lebendigen Leibes verbrannte. So wurden auch Eva Peter und Anna Strauß begnadigt und nach dem Köpfen ihre Leichen zu Asche verbrannt.

Die Ratssitzung wurde noch einmal durch eine Anfrage von Scharfrichter Balthasar Spon unterbrochen. Der Ansbacher Scharfrichter hatte ihm angeboten, Eva Peter, die Frau des Totengräbers zu enthaupten, weil sie seine Gevatterin war. Der Rat beschloss, Scharfrichter Spon *soll richten, was er kann.*

Ein Viertel Jahr nach der Hinrichtung wurde in der Ratssitzung festgelegt, was die Ehemänner oder Verwandten an Prozesskosten und Strafgeld entrichten mussten. Der Totengräber Martin Peter sollte 50 Gulden zahlen, für die Anna Strauß konnte man nichts einfordern, sie wohnte in Miete und besaß in der Stadt keine Verwandtschaft. Aber Anfang September 1656 beschloss dann der Rat nach mehreren Gesuchen und dem Auftreten von Fürbittern bei allen das Bußgeld um ein Drittel zu mindern. Die verbleibende Summe sollte bar an die Stadtkasse gezalht werden, wer dem nicht nachkam, sollte die volle Strafe entrichten.

## 1655/56 Schneeballenmacherin Catharina Deubler (Hascherin)
*… liebes Töchterlein mit Gift in einem Apfel umgebracht …*

**Bezichtigerin** Sibilla Bidermann
**Ursache** Bezichtigung nach Folter

**Urteil** *Scheiterhaufen, am Hinrichtungstag zum Schwert begnadigt, enthauptet und zu Asche verbrannt*

Von der Verhaftung der Schneeballenbäckerin Catharina Deubler am 27. Januar 1656 bis zu ihrer Hinrichtung vergingen nur sechs Wochen. Sibilla Bidermann war von ihrem Ehemann, dem Goldschmied Hans Peter Bidermann, vier Monate zuvor des Giftmords beschuldigt worden. Sie hatte ihre Mutter Margaretha Link als ihre Lehrmeisterin angegeben, vor einem Monat dann sechs Frauen bezichtigt, abgesehen von weiteren Frauen, denen nicht der Prozess gemacht wurde. Nun erfuhren die Räte von einer erschreckenden Hexerei Catharina Deublers, auch Hascherin genannt, von Beruf Schneeballenmacherin, Bäckerin eines kugelförmigen Teigstrangknödels. Offenbar hatte Sibilla Bidermann einige Fakten erfahren und als Zauberei dargestellt. Der Amtsbürgermeister teilte mit, der evangelische Jurist Paul Georg habe ihm in der Früh ein *Memoriale* geschickt und gebeten es heute vortragen zu dürfen. Georg berichtete, das Sibilla Bidermann gestern ausgesagt hatte, sie wüsste es von Catharina Deubler selbst, sie habe *es ihr auf einer Ausfahrt [einem Hexenflug] erzählt. Wolle darauf leben und sterben.* Das abgelesene Verhörprotokoll besagte, Catharina Deubler hatte nicht nur Georgs *liebes Töchterlein mit Gift in einem Apfel umgebracht, sondern auch ihm und seiner Frau Gift zugebracht. Und wenn er und sein Frau nicht Medicamenta gebraucht [genommen], auch sonst von starker Natur gewesen, zweifelsohne auch mit dem Leben es bezahlen müssen.*

Der Rat wollte hierüber die Meinung des katholischen Juristen Dr. Benz hören. Er erzählte, das gestrige Geständnis von Sibilla Bidermann sei allen beim Verhör anwesenden *erbärmlich zu hören gewesen,* weil es den Kollegen Georg persönlich betroffen habe. Der wollte *dies bös Weib* sofort verhaften lassen, was ihm die beiden Ratseiniger aber ausredeten, sie seien dazu nicht befugt, er solle sich gedulden, bis es *von Ratswegen anbefohlen* werde. Dr. Benz schlug vor, Catharina Deubler den

Prozess zu machen. Es sei nun die Frage, ob genügend Indizien für eine Tortur und Gegenüberstellung vorhanden seien und ob Fluchtgefahr bestehe. Dazu sollte man seinen betroffenen Kollegen Paul Georg anhören. Der Rat ließ durch die Stadt- und Ratsschreiber dessen Meinung einholen, der mitteilen ließ, dass er es *Einem Ehrsamen Rat übergeb*. Weil man befürchtete, *sie möchte ausreißen,* wurde die *Hascherin* am Nachmittag zur Gegenüberstellung in das Amthaus geführt und hernach in ein Drudenhäuslein im Rothenburger Tor gefangen gehalten.

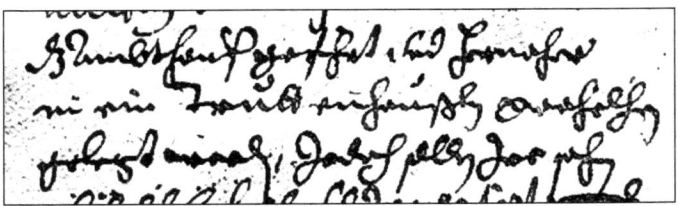

Ratsprotokoll vom 27. Januar 1656: dz Ambthaus gefihrt, und Hernacher in ein Truttenhäußlen verwahrlichen gelegt werden,

Nach einer Woche wurden dem Rat von den beiden Juristen Unregelmäßigkeiten vorgetragen, es gehe im Gefängnisvollzug *nicht vertraulich* zu. Unter anderem sei der Schwiegersohn Catharina Deublers, der Schneider Michel Merklein, bei ihr gewesen, ein andermal habe er Brandwein mitgebracht. Die Juristen erreichten, dass künftig erst der Geheime Rat, bestehend aus zwei katholischen und zwei evangelischen Bürgermeistern und jeweils zwei katholischen und evangelischen Geheimen Räten, über die Verhöre informiert wurde, der danach über eine Beratung im ganzen Rat entschied.
Bis Mitte Februar fanden mehrere Verhöre und Gegenüberstellungen aller Verhafteten statt. Die Protokolle wurden von den Juristen zunächst in der Geheimen Ratssitzung vorgetragen. Catharina Deubler war unter anderem mit Sibilla Bidermann

und der ehemaligen Hauswirtschafterin Anna Strauß konfrontiert worden, wegen der Tötung des Kindes *mit Gift im Bier*, wovon auch die Frau des Ratsjuristen Georg getrunken hatte.

Anfang März kam der Fall Catharina Deubler in einer Sitzung des Geheimen Rats wieder zur Sprache. Laut Verhörprotokoll war die *Hascherin* bei ihrem Bekenntnis geblieben, sie wollte *auch darauf leben und sterben*.

Drei Tage später fand nach einer Sitzung des Geheimen Rats auf dringlichen Wunsch der beiden Juristen eine Sitzung des gesamten Rats am Nachmittag statt. Unter den als Hexen erkannten fünf Frauen befand sich auch Catharina Deubler, *insgemein Hascherin genannt*. Beweise dafür waren vor allem die Denunziationen, die die *Unholden auf sich untereinander selbst und noch andere mit ihnen Interessierte bekannt haben.* Die Juristen Georg und Dr. Benz waren sich einig, *dass das nächste sein werde, dass man mit den 5 Personen die dazu gehörige Exekution vornehme.* Da alle Frauen in ihren Aussagen *beständig* verblieben, beschloss der Rat ihre Hinrichtung für den Dienstag, den 14. März 1656, und beauftragte die Juristen *ihre Urteil* zu verfassen.

In der Ratssitzung am 11. März trugen die beiden Juristen ihre *schriftlichen Bedenken* über die fünf Frauen vor, darunter Catharina Deubler, *welche nunmehr ihrer Hexereien halber bestandhaftig, auch alles, was eine oder die andere auf eine ausgesagt und sie selber begangen, dabei verblieben und darauf leben und sterben wollen*. Ihre Urgicht, das schriftliche Geständnis, wurde ebenfalls verlesen.

Man beschloss, den Frauen ihren Rechtstag umgehend anzukündigen. *Mit ihren in Händen habenden und tragenden weißen Stäb* gingen die beiden amtierenden Ratseiniger Walch und Brielmayr mit den Stadt- und Ratsschreibern und beiden Stadtknechten in das Amthaus beim Rothenburger Tor. Die Bürgerin Catharina Deubler war bis auf vier Punkte *alles geständig*. Sie bat nur *um ein gnädig Urteil,* und *um Zulassung ihres Sohnes*. Also wurde ihr der Rechtstag für den 14. März angekündet.

Am Tag vor der Hinrichtung traf der Rat die nötigen Anordnungen. Die Anzahl der Fuhren zum Hochgericht war auf drei bestimmt worden, die drei katholischen Frauen Eva Peter, Anna Strauß und Catharina Deubler saßen gemeinsam auf einem Heuwagen. Auch die Reihenfolge der Hinrichtung wurde festgelegt, und zwar der Reihe nach, wie die Frauen verhaftet worden waren. Catharina Deubler sollte das ganze Geschehen mitansehen, sie wurde als letzte enthauptet.

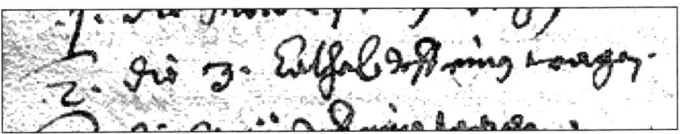

Ratsprotokoll vom 14. März 1656: 2. Die 3. Cathol[ischen] uff einen wagen.

Am Hinrichtungstag, dem 14. März 1656, wurden dem Rat noch einmal die von den Juristen verfassten Urteile *langsam und deutlich abgelesen*, dass die Hexen *mit dem Feuer vom Leben zum Tod und Aschen verbrannt werden sollen*.
Darauf meldete sich die Verwandtschaft der verurteilten Margaretha Link an, deren Tochter Ursula mit Ratsherrn Strölein verheiratet war. Durch *inständig um Gnade bitten* erreichten sie, die Enthauptung aller Verurteilten. So wurde auch Catharina Deubler zum Schwert begnadigt und ihr Leichnam nach dem Köpfen zu Asche verbrannt.
Im Juni, ein Viertel Jahr danach, wurde in der Ratssitzung bestimmt, was die Ehemänner oder Verwandten an Prozesskosten und Strafgeld zu zahlen hatten. Die Verwandten von Catharina Deubler, *der Hascherin Freund*, sollten 50 Gulden entrichten. Am 4. September 1656 beschloss der Rat aber, nach mehreren Bittgesuchen und dem Auftreten von Fürbittern, bei allen Zahlern das Bußgeld um ein Drittel zu verringern. Die verbleibende Summe sollte bar an die Stadtkasse gezahlt werden, wer dem nicht nachkam, sollte die volle Strafe entrichten.

*… dergleichen nimmermehr gegen den andern zu gedenken …*

**Bezichtiger** Sixt Wetsch
**Ursache** Männerstreit, Beleidigung
**Urteil** Gütliche Einigung

Zwei Monate nach der Hinrichtung von fünf Hexen wurde in der Ratssitzung vom 15. Mai 1656 der Fall des Dinkelsbühler Landuntertanen Sixt Wetsch aus Illenschwang beraten. Zwei zum markgräflich-ansbachischen Amt Wassertrüdingen gehörende Untertanen, der Bader Georg Kerzer und ein gewisser Melchior Erpf, hatten gegen ihn Klage wegen *Hexereibezichtigung und Injurien* erhoben. Sie wohnten ebenfalls in Illenschwang, waren mit Sixt Wetsch in Streit geraten, der sie beleidigte. Ihr Beschwerdeschreiben an den Wassertrüdinger Kastner und den dortigen Stadtvogt war der Reichstadt Dinkelsbühl zugesandt worden. Nach dem Verlesen beschloss der Rat, Wetschs Gutsherr, der Ratsherr und Ratseiniger Debert, solle ihm *einen Verweis geben und zu Einigkeit mit seinen Nachbarn anhalten.*
Damit gaben sich die Wassertrüdinger Amtsleute aber nicht zufrieden, sie forderten einen gemeinsamen Rechtstag in Dinkelsbühl, damit die ehrenrührige Beschimpfung zurückgenommen werden könne. Der Rat legte den Rechtstag in der Kanzlei fest, an dem der Wassertrüdinger Stadtschreiber und die zwei Ratseiniger, darunter eben auch der Gutsherr Debert, teilnahmen. Nach dem Verhör mehrerer Personen einigten sich die Parteien gütlich. Die Beleidigungen wurden amtlich *ex officio* aufgehoben, die Kontrahenten gaben sich die Hand, verziehen einander

und versprachen, *dergleichen Injurien* nie mehr *gegen den andern zu gedenken, monieren oder ahnden* zu wollen. Bei Nichteinhaltung sollte die betroffene Herrschaft dem Täter 10 Gulden Strafe auferlegen. Das in der Ratsversammlung abgelesene Kanzleiprotokoll wurde am 23. Juni ratifiziert.

### 1656 Goldschmied Hans Peter Bidermann
### Schuster Zacharias Kern
### Schreiner Melchior Setzer
*... zu einem Teufelsbanner gegangen ...*

**Bezichtiger** Amtsbürgermeister, Goldschmied Hans Peter Bidermann
**Ursache** Familienstreit
**Urteil** Narrenhäuslein

Eigentlich sollte der Goldschmied Hans Peter Bidermann nach der Hinrichtung seiner ersten Frau Sibilla im März diesen Jahres 1656 eine zweijährige Verbannung verbüßen. Doch er heiratete umgehend die Tochter des Schreiners Melchior Setzer und blieb in der Stadt. In der Ratssitzung am 23. Juni 1656 kam zur Sprache, dass er erneut *ein solch liederlich Hauswesen führ, dass die Obrigkeit ein solches ihm nicht nachsehen könne.* Man beschloss, ihm auf der Kanzlei mitzuteilen, wenn er sich nicht bessere, werde man ihn im Haymersturm einsitzen lassen.
Er änderte seine *Haushaltung* offenbar nicht, denn einen Monat später wandte sich sein Schwiegervater mit einer Bittschrift *wegen seines üblen Verhaltens* an den Rat. Der Fall wurde den Ratsjuristen vorgelegt, danach in den Haymersturm kommen.

Bidermann bat, *weil er ganz unpässlich* sei, ihn woanders unterzubringen. Daraufhin wurde er in eines der Narrenhäuser gebracht.

Wie der Amtsbürgermeister vier Wochen später, am 21. Juli, vortrug, hatte Bidermann *ein hochsträflich Verbot* übertreten. Der Schuster Zacharias Kern, verwandt mit Bidermann, war im großen Hexenprozess einer seiner Fürbitter gewesen. Beide waren *zu einem Teiffelsbanner* gegangen, einem Hof in Rüßhofen bei Lichtenau. Nun fragte der Bürgermeister an, *ob nicht der auch in Gefängnis zu setzen wäre.* Kern wurde auf der Kanzlei verhört, für schuldig befunden und ebenfalls in ein Narrenhaus gesetzt.

Es stellte sich außerdem heraus, dass Bidermanns Schwiegervater, der Schuster Melchior Setzer, *an der lichtenauischen zauberischen Weis Ursacher* gewesen war. Jedenfalls übergab Bidermann in der Ratssitzung am 31. Juli 1656 einen schriftlichen Bericht gegen seinen Schwiegervater. Zugleich versprach er, *besser zu hausen und fleißig zu arbeiten,* und bat, ihn aus dem Narrenhaus zu entlassen. Dem kam der Rat nach. Er ordnete an, seinen Schwiegervater, Melchior Setzer, *an dessen Stell in das Narrenhaus* zu setzen.

### 1656 Frau von Metzger Jacob Braittenbicher

*… Wann man noch weiters gebrannt hätte,*
*so wäre die Braittenbicherin die erste gewesen …*

**Bezichtiger** *Melchior Link, der Jüngste*
**Ursache** *Männerstreit, Beleidigung*
**Urteil**  *Geldstrafe*

Der Metzger Melchior Link der Jüngste war für die Ratsherren kein unbeschriebenes Blatt. Er war der Sohn der im großen Dinkelsbühler Hexenprozess hingerichteten Margaretha Link und Bruder der ebenfalls hingerichteten Sibilla Bidermann. Er wurde damals außerdem von der Hexe Susanna Stadtmüller beschuldigt, ihren Mann, den Hirten vom Segringer Stadtviertel, als Hexer zu verdächtigen.

In der Ratssitzung am 28. August 1656 berichtete der *Schleifer*, der Stadtpolizist, von vorgefallenem *Händel* im städtischen Fleischhaus am Ledermarkt. Der Streit soll mit Beschimpfungen des Schäfers in Köhlau begonnen haben, was dieser aber abstritt, er *wollt's keineswegs geständig sein.* Dagegen bestätigten seine beiden Kontrahenten, die Metzger Jacob Braittenbicher und Melchior Link, einmütig, der Schäfer habe andere Metzger geschmäht. Link wollte ihn daraufhin zur Rechenschaft ziehen, worauf der Braittenbicher sich einmischte und zu ihm sagte, zuvor *hätten sie vor seiner Mutter kein Ruhe gehabt*, jetzt fange er auch an. Dass der Braittenbicher ihm seine Mutter vorhielt, habe ihn, das *Melcherla, geschmerzt.* Nicht ohne Grund habe er deshalb zu ihm gesagt, *wenn man noch weiters gebrannt hätte*, dann wäre Braittenbichers Weib *die erste* gewesen, er solle *froh sein, dass man nachgelassen, zu brennen.*

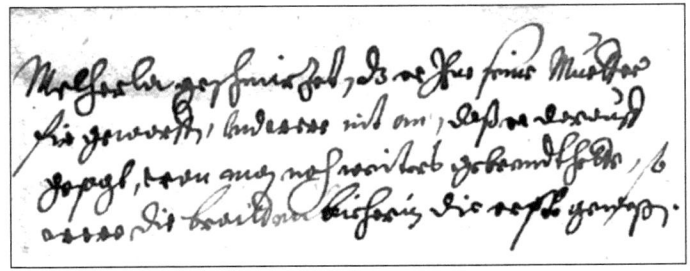

Ratsprotokoll vom 28. August 1656: Melcherla geschmirzet, dz er ihne seine Muetter fir geworffn, Und were nit one, daß er darauff gesagt, wan man noch weiters gebrendthette, so were die braittenbicherin die erste geweßn.

Der Rat beschloss, den Metzger Melchior Link in den Kerker zu werfen und mit 25 Gulden abzustrafen. Man holte dazu die Meinung der beiden Ratsjuristen ein, die das aber für zu hoch hielten und die Summe auf 12 Gulden verringerten.

### 1657 Zweite Ehefrau von Goldschmied Hans Peter Bidermann
… gehexet und geflätlet …

**Bezichtiger** *Goldschmied Hans Peter Bidermann*
**Ursache** *Familienstreit*
**Urteil für den Bezichtiger** *Androhung einer Verbannung*

Der Goldschmied Hans Peter Bidermann hatte den großen Dinkelsbühler Hexenprozess 1655/56 angezettelt und die Hinrichtung seiner ersten Frau Sibilla auf dem Gewissen. Ein Viertel Jahr danach hatte er seinen zweiten Schwiegervater, den Schreiner Melchior Setzer, wegen Teufelsbannerei belastet und ins Narrenhaus gebracht. Jetzt, ein Jahr später, wurde in der Ratssitzung am 28. Mai 1657 Bidermanns neue Klage gegen seinen derzeitigen Schwiegervater verhandelt. Er beschwerte sich, Melchior Setzer habe ihn *auf der Hospet*, dem heutigen Schweinemarkt hinter dem Neuen Rathaus, *einen leichtfertigen Vogel, Schelmen und Dieb tituliert*. Setzer begründete seine öffentliche Beschimpfung damit, dass sein Schwiegersohn, Hans Peter Bidermann, seine Tochter *gehexet und geflätlet* habe, also als Hexe beschimpft habe.
Der Rat ermahnte beide, die Beleidigungen sein zu lassen. Zusätzlich wurde Hans Peter Biedermann der Stadtverweis angedroht.

## 1657 Frau von David Bauer und ihre Mutter

*… Hexen und Drutten geheißen …*

**Bezichtiger** *Schmied Leonhard Bauer*
**Ursache** *Gerede, Familienstreit*
**Urteil** *Narrenhaus und Geldstrafe*

Der Fall zeigt, dass das Schimpfwort *Hexe* gang und gäbe war. Der Schmied Leonhard Bauer wohnte mit David Bauer, vermutlich sein Bruder, zusammen in einem Haus. In der Ratssitzung am 13. Juli 1657 meldete der Stadtknecht Schwarz, der Schmied Leonhard Bauer habe David Bauers *Weib geschlagen und ein Trudt und Hex* genannt. Der dazu befragte Leonhard Bauer sagte aus, als er nach Hause gekommen sei, habe ihn Davids Frau nicht ins Haus gelassen und *leichtfertig heraustituliert.* Da habe er nicht anders gekonnt und ihr *eine Huschen gegeben. Es möge sein oder nit, dass er's eine Trutten geheißen*, er könne sich nicht daran erinnern. Aber ihr Mann David habe sie und ihre Mutter ja selbst *Hexen und Drutten geheißen*.
Der Rat verurteilte Leonhard Bauer zu einer Strafe von 4 Gulden ohne Nachlass und musste bis zur Zahlung im Narrenhaus einsitzen.

*... dass sie nicht allein ausdorren, sondern auch gar sterben ...*

**Bezichtiger_in** *Nachbarin Witwe Maria Körner, Schwiegersohn Leonhard Klein*
**Ursache** *Erkrankung*
**Urteil** *Enthauptung, Leichnam zu Asche verbrannt*

Zwei Jahre und zwei Monate nach dem großen Hexenprozess wurde ein Hexer hingerichtet. Wie der Fall zeigt, war dem Rat an Hexenprozessen nicht gelegen, die tragische Entwicklung verursachte ein anderer Gerichtsfall.

Der überraschend kurze Prozess dauerte von der Anklage bis zur Hinrichtung genau drei Wochen. Am 14. Mai 1658 ließ sich in der Sitzung des Geheimen Rats die Witwe Maria Körner anmelden. Vor einigen Tagen war der benachbarte Töpfer Sebastian Zierer bei ihrer Tochter gewesen, und nachdem diese ihn zum Haus hinausbegleitet hatte und die Treppe hinauf gehen wollte, sei es ihr *gleich in den Fuß bei den Knien gekommen,* dass sie *kaum vor Schmerzen hinauf gekonnt.* Hernach habe der Schmerz zugenommen, *dass kein Medizin oder Arznei* helfen wollte. Als sie heute vom Fenster aus den *Zierer auf der Gassen* stehen sah, habe sie ihm drei oder vier Mal *zugeschrieen, ihr zu helfen.* Er wollte aber den Zauber nicht zurückzunehmen, er sagte*, er gehe ihr nicht nach.* Nun bat sie im Namen ihrer Tochter Maria den Rat um Abhilfe. Man teilte Maria Körner mit, wenn sie gegen Sebastian Zierer Klage erheben wolle, solle sie dies *am nächsten Ratstag ordentlicher Weis vornehmen und deswegen schriftlich einkommen.*

Dem Gesamtrat trug dann der katholische Ratsjurist Dr. Benz seine Beurteilung der Sache vor. Er hatte sich beim Stadtarzt Dr. Faber erkundigt, der festgestellt hatte, dass der Schmerz *ex Maleficio* herkomme, denn es sei kein natürlicher Zustand. Deshalb sollte man die Witwe Maria Körner fragen, ob sie gegen Zierer Zivilklage oder Kriminalklage erhebe. Er wies darauf hin, dass es entsprechende Gerüchte über Zierer gebe, weshalb der Rat Grund zu einer Verhaftung habe.

Einige Tage später klagte der Häfner Sebastian Zierer seinerseits gegen seinen Schwiegersohn Leonhard Klein, der ebenfalls Häfner war, und seine Nachbarin Maria Körner. Er fragte, ob sie ihn *ohne alle Scheu bezichtigen dürften,* er hätte *sie erkhrembt und ihnen ihr Gesundheiten dadurch genommen.* Er könne diese schwere Beschuldigung nicht auf sich beruhen lassen und bat den Rat, sie müssten solche *unverantwortliche* Reden beweisen. Falls sie das nicht könnten, müssten sie ebenso abgestraft werden, wie der Rat bei ihm *verfahren solle, wenn etwas gefunden würde.*

Eine Hexe macht bei einem Mann einen Hexenschuss (Molitor, um 1500).

Zierers Schwiegersohn Leonhard Klein bezog sich auf den großen Dinkelsbühler Hexenprozess vor zwei Jahren und verteidigte sich damit, dass er von den *in Verhaft gelegenen Weiber* verstanden habe, dass sein Schwiegervater ihn gelähmt habe. Er behauptete, dieser habe ihn verwünscht, als er noch bei ihm gearbeitet habe. Obwohl er mehrmals *zu ihm geschickt und bitten lassen, er wolle sich doch seiner erbarmen und wieder zu seiner Gesundheit verhelfen.* Der habe ihm ausrichten lass*en, er*

**117**

*hätte ihm nichts getan.* Er leide nun schon sechs Jahre lang *große Schmerzen.*

Zierer erklärte, sein Schwiegersohn behaupte das, weil er gegen die Heirat gewesen war, und er zu ihm gesagt hatte, wenn er seine Tochter heirate, *er an Händ und Füßen verkhrembte.* Der Leonhard habe *nichtsdestoweniger seine Tochter geheiratet.* Er, Zierer, sei *aber kein solcher Mann,* kein Hexer, und werde ihm solches nicht antun *in Ewigkeit.*

Auch die Nachbarin Maria Körner blieb in ihrer Gegenrede dabei: Niemand anders als Zierer habe *sie so erbärmlich erkhrembt,*

Nun wurde im Rat wurde abgestimmt, Sebastian Zierers Klage gegen die Bezichtigungen wurde ebenso abgewiesen wie die Klage der Nachbarin Maria Körner und des Schwiegersohns Leonhard Klein. Sie wurden vom Ratsjuristen ermahnt, ob sie ihre Bezichtigungen *auf ihren Eid nehmen wollen,* denn Zierer leugne es. Während Klein dies bejahte und wiederholte, *dass ihm es keiner getan, als sein Schwäher,* wollte es Maria Körner nicht beeiden, wiederholte aber, *es hab's sonst kein Mensch verkhrembt* als er.

Die Klage wurde vom Rat abgewiesen. Doch danach trug Dr. Benz seine gegensätzliche Rechtsansicht vor. Schon ehe der Häfner Sebastian Zierer in die Stadt gekommen sei, habe es Gerüchte gegeben und gebe es *noch dato.* Weil das *mit zwei ehrlichen Männern bewiesen* sei, habe der *Rat schon Ursach* den Zierer in Haft zu nehmen. Dennoch blieb der Rat bei seinem Beschluss.

Damit wäre ein Hexenprozess gegen Sebastian Zierer abgewendet gewesen, wenn nicht Maria Körner und Leonhard Klein von anderer Seite angeklagt worden wären (siehe nächster Fall). Denn in diesem Prozess wiederholten sie ihren Vorwurf gegen Zierer, während er dagegen abermals beteuerte, den *beiden keinen Schaden zugefügt* zu haben. Darum bat er, seinen Schwiegersohn Klein und die Nachbarin Körner *so lang in Verhaft zu nehmen, bis sie auf ihn dergleichen bewiesen haben.*

Man redete Maria Körner und Leonhard Klein noch einmal ins Gewissen und wies darauf hin, dass Zierer *nichts gestehen wolle.* Doch sie verlangten, ihn umgehend gefangen zu nehmen. Das war auch die Meinung von Dr. Benz, der Rat könne durchaus beschließen, ihn *gütlich* zu verhören und gegebenenfalls entsprechend weiter *mit ihm verfahren.*

Tatsächlich wurde Sebastian Zierer an Ort und Stelle festgenommen und von den beiden Stadtknechten in das Amthaus beim Rothenburger Tor abgeführt. Noch am selben Tag fand ein erstes Verhör nicht nur von Sebastian Zierer, sondern auch von seiner Frau Walburga statt. Am nächsten Tag wurden ihre Aussagen im Rat abgelesen, und Dr. Benz forderte, man müsse bei Zierer *den Ernst gebrauchen,* der Scharfrichter solle sein *Werkzeug sehen lassen*, danach müsse *der Daumenstock* eingesetzt werden. Dem wollten die Räte aber noch nicht zustimmen, sie beschlossen ein weiteres gütliches Verhör, und dass man ihm *den Nachrichter mit seiner Gaukeltaschen vorstellen* solle.

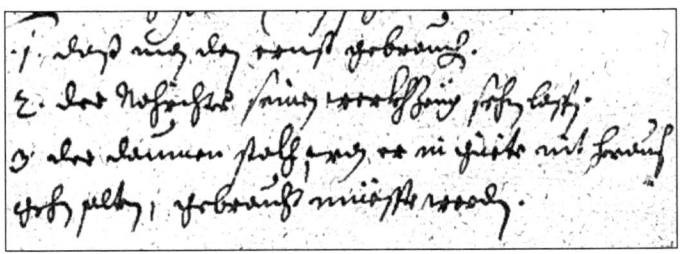

Ratsprotokoll vom 21. Mai 1658:

1. daß man den ernst gebrauch.

2. der Nahrichter seinen werkhZeüg sehen lassen.

3. der daumen stok, wan er in güete nit heraus gehen solten, gebraucht müessste werden.


Dieses zweite *Examen* erbrachte ebenfalls kein Geständnis, sodass ein drittes und viertes Verhör durchgeführt werden musste. Aber es blieben nach Ansicht des Juristen drei Punkte, die von Zierer nicht *genugsam erläutert* worden seien. So beschloss der Rat, man solle ihn nach nochmaligem gütlichen Verhör, wenn *er nichts bekennt, mit dem Daumenstock angreifen,*

**119**

*dann loco terroris*, in das Foltergewölbe im Rothenburger Torturm, *zu der Tortur führen*. Unter der Folter gestand Sebastian Zierer schließlich sein Hexenwerk.

Das Bekenntnis verlas Dr. Benz im Rat und fügte sogleich seinen Urteilsvorschlag an: *Weil er, Zierer, mit der Hexerei behaftet und viel Personen, welche er mit seinem Pulver also vergiftet, dass sie nicht allein ausdorren, sondern auch gar sterben müssen, dass er mit dem Schwert von Leben zum Tod hingerichtet, dann sein Körper im Feuer verbrannt werde.*

Es folgte der übliche Ablauf des Vollzugs. Dem Häfner Sebastian Zierer wurde sein Rechtstag für den 4. Juni 1658 im Amthaus bekanntgegeben. Man las ihm *seine Missetaten noch mal deutlich und langsam vor* und fragte, ob er *noch geständig und keinen Menschen Unrecht getan, darauf leben und sterben wolle.* Zierer bejahte dies. Am Tag vor der Hinrichtung erfolgte dann in der Ratssitzung die Überprüfung der Rechtmäßigkeit. Die Ratseiniger bejahten als Gerichtsherren, dass Zierer *beständig* bei seiner Aussage geblieben sei. Daraufhin wurden die Vorbereitungen für die Hinrichtung angeordnet. Am Hinrichtungstag selbst wurde im Rat ein letztes Mal das Geständnis *langsam und deutlich* verlesen. Erneut wurde alles bestätigt und noch einmal von den Räten mehrheitlich beschlossen, *dass der Arme Sünder mit dem Schwert gerichtet und hernach sein Körper durch das Feuer verbrannt soll werden.*

Zwei Wochen später reichte der Bezichtiger, Zierers Schwiegersohn Leonhard Klein, eine Bittschrift mit beigelegter Apothekenquittung über 9 Gulden 41 Kreuzern ein. Er bat darum, ihm von Sebastian Zierers verlassenem Hof etwas zu geben, *weil er von ihm verlähmt* worden sei und deshalb stürbe.

Zunächst aber wurden *des verbrannten Sebastian Zierers Unkosten* berechnet, die sich auf 107 Gulden 13 Kreuzer 2 Pfennig beliefen. Die Stadtrechner sollten sich mit der Witwe, Walburga Zierer, *wegen der Straf* einigen. Sie forderten insgesamt 150 Gulden von ihr, doch auf ihr *inständiges Bitten* ließen sie die Hälfte nach. Auch damit war die Witwe nicht einverstanden. Der Rat bestand jedoch auf den 75 Gulden, die nicht einmal die städtischen Unkosten deckten.

Leonhard Klein reichte noch einmal ein Bittgesuch ein, und auch die Bezichtigerin, die Witwe Maria Körner. Der Rat ordnete an, die Stadtkammer solle ihr etwas *ins Bad* zahlen, ein Badegeld geben.

Zu den Quellen: Ratsprotokolle, verschiedene Chroniken. Joseph Greiners „Hexenprozesse in Dinkelsbühl", erschienen in Alt-Dinkelsbühl 1929, diente als Vorlage für die „Hexenkartothek", die in einem Sonderauftrag des „Reichsführers SS" Heinrich Himmler 1935-1944 zusammengetragen wurde.

## 1658 Häfner Mathes Pichler und seine Frau
*... sie für Hexenleut ausschreien ...*

**Bezichtiger_in** *Witwe Maria Körner, Häfner Leonhard Klein*
**Ursache** *Gerede unter Häfnern*
**Urteil für die Bezichter_in** *Entschuldigung*

Der Fall steht in Zusammenhang mit der Hinrichtung des Häfners Sebastian Zierer, den seine Nachbarin, die Witwe Maria Körner, und sein Schwiegersohn, der Häfner Leonhard Klein, wegen angehexter Erkrankungen bezichtigt hatten. In der Ratssitzung am 20. Mai führten dann auch der Häfner Mathes Pichler mit seiner Frau Klage gegen Maria Körner und Leonhard Klein, dass diese *sie für Hexenleut ausschreien.* Auch sie baten den Rat, den beiden *silentium oder Beweistum* aufzuerlegen, entweder zu schweigen oder aber den Beweis anzutreten.

Daraufhin wurden mehrere Personen vorgeladen und vernommen, der Häfner Friedrich Horran *wegen seines Weibs*, sein Geselle, der Lehrjunge und auch seine Magd, ebenso Leonhard Kleins Frau.

**121**

Nach der Befragung entschuldigten sich die Bezichtiger_in Maria Körner und Leonhard Klein, *dass sie ihnen nichts bezichtigt, wohl aber den Sebastian Zierer.* Damit war der Fall der Eheleute Pichler abgeschlossen.

### 1660 Stricker Hans Beuerlin und Familie

*... mit ihrem Lumpenhändel wohl daheim verbleiben ...*

**Bezichtigerin** Margaretha Uz (Bauern Ursel)
**Ursache** Hausstreit
**Urteil für die Bezichtigerin** Androhung der Halsgeige

Der Rat war bemüht, den sozialen Frieden trotz des Hexenunwesens zu erhalten. Der Stricker Hans Beuerlin klagte am 9. Juli 1660 beim Rat, die in seinem Haus zur Miete wohnende Margaretha Uz habe wiederholt *ihn und all die Seinigen gehexet und getruttet,* also Hexen und Druden genannt. Die Uz entgegnete, dass die Beurlins behaupteten, Schritte von ihr zu hören, und deshalb halte sie diejenigen, die so etwas von ihr sagen, solange für *Hexen und Trutten,* bis sie es wirklich tue.

Dinkelsbühler Geige für Hals und Hände (Fundus des Historischen Vereins).

Der Ratsbeschluss lautete: Beide Parteien sollen *mit ihren Lumpenhändel wohl daheim verbleiben* und den Rat nicht belästigen. Obwohl Margaretha Uz wegen ihrem Gerede *die Geigen verdient* habe, wolle man sie diesmal verschonen. Sie solle nicht mehr kommen, sonst würde sie in die Halsgeige kommen.

### 1660/61 Schusterfrau Barbara Hukler

*... zur Tortur gezogen, erstlich leer, dann secundo wieder aufgezogen und ihr einen geringen Stein an die Füß gebunden ...*

**Bezichtiger_in** *Stricker Hans Schütz und seine Frau (Eltern von Regina Hukler), Barbara Hukler (Schwiegermutter von Regina) bezichtigt unter Folter andere, nicht verfolgte Personen.*
**Ursache** *Regina Huklers Selbstmord.*
**Urteil** *Enthauptung, Verbrennung*

Der Prozess begann mit einer Ehrenklage des Ehemanns von Barbara Hukler wegen übler Nachrede, was ein halbes Jahr später zu deren Enthauptung führte. Es war die letzte Hinrichtung einer Dinkelsbühler Hexe.

In der Sitzung des Geheimen Rats, bestehend aus je zwei katholischen und evangelischen Bürgermeistern und Geheimen Räten, trug der Amtsbürgermeister am 5. August 1660 eine Anfrage des Schusters Hans Caspar Hukler vor. Seine Frau Regina, seit *etliche Wochen ganz melancholisch,* hatte heute Morgen die Fensterläden geöffnet und sich mit einem *Schusterkeint,* einem Schustermesser, *die Gurgel abgestochen.* Da es sich um einen Selbstmord handelte, wollten die Angehörigen wissen, wie das Begräbnis abgehalten werden durfte.

Die beiden Ratsjuristen, der evangelische Joachim Persig und der katholische Sebastian Reigel, meinten, *dass eine solche Person, die sich in der Melancoley umbringt, und doch vorher allezeit eines guten Wandels gewesen und die Kirchen und Gottesdienst fleißig besucht* hat, zum Friedhof hinausgetragen und ehrenhaft begraben werden könnte. Daraufhin wurde beschlossen, Regina Hukler dort, aber ohne Gesang und Glockengeläut beerdigen zu lassen.

Am nächsten Tag bat allerdings das *Ehrbar Handwerk der Schuster*, nicht am Leichenzug teilnehmen zu müssen, der Selbstmord von Frau Hukler verhindere es *ihnen und ihren Kindern, auch Lehrjungen*. Der Geheime Rat stimmte dem zu, sodass *nur die Freundschaft von Mann und Weibern* mitging.

Zwei Wochen später musste ein Streit zwischen den Vätern beraten werden. Der Stricker Hans Schütz, Vater der Selbstmörderin Regina Hukler, führte üble Nachrede über deren Schwiegermutter Barbara Hukler. Ihr Mann Simon Hukler beschwerte sich nun darüber, wobei ihn das Schusterhandwerk unterstützte. Der Rat wies seine Klage ab, weil die *Bezichtigung das Weib und nicht den Mann* betraf.

Der Streit verschärfte sich, als Hans Schütz damit begann, Barbara Hukler *eine offenliche Hexin* zu nennen. Nun reichte Simon Hukler *eine große Klagschrift* ein.

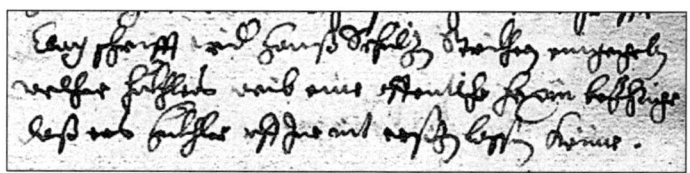

Protokoll des Geheimen Rats vom 27. August 1660: Clag schrifft wider Hanß Schülzen Strikern eingegeben welcher Hukhlers weib eine offenliche hexin bezichtige daß ers Hukhler uff Ine nit ersizen lassen könne.

Der Geheime Rat bemühte sich am 27. August, die Angelegenheit gütlich beizulegen. Man solle eine *Klag womöglich abwenden, weil es eine große Klag und die Bezichtigung schwerlich* nachzuweisen sei. Falls die beiden Bürger nicht dazu bereit wären, könnten sie sich an den gesamten Rat wenden.

Da der Stricker Hans Schütz weiterhin übel über die Ex-Schwiegermutter seiner Tochter redete, stellte Simon Hukler einen Klageantrag, und reichte nach Bewilligung drei Wochen später *eine Iniurischrift* gegen das Ehepaar Schütz ein. Zehn Tage darauf erklärte Hans Schütz seinen Protest und rief seinerseits das Gericht an. In einem beigefügten Bericht schildert er den *so erbärmlich und noch vor Augen liegenden* Zustand *seines Weibs* und der *abgeleibten Tochter.* Seine Klageerwiderung wurde den beiden Juristen Persig und Reigel zugestellt, Simon Hukler erhielt eine Abschrift.

Es waren drei Monate seit Simon Huklers Ehrenklage vergangen. In der Ratsversammlung am 29. Oktober standen beide Väter vor dem Rat. Simon Hukler wiederholte seinen Antrag, die Gegenklage des Hans Schütz abzulehnen. Der hingegen wiederholte seine schwere Beschuldigung: Er *sage es noch mal ohne Scheu,* dass die beklagte Barbara Hukler *sein Tochter umgebracht und der Tochtermann sie verwahrlost habe.*

Ehe die Akten den Ratsjuristen zur erneuten Beurteilung zugingen, wurden einige Nachbarn im Nördlinger Viertel verhört, ein Seiler mit Frau, der Bierbrauer Niclaus Paur und der Schuster Christoff Schmidt.

Aufgrund der Einvernahmen waren sich dann die Juristen einig, dass sich zwar nicht *genugsam indicia befinden,* aber eine Gegenüberstellung von Barbara Hukler mit dem Ehepaar Schütz *gar wohl vorgenommen werden* könne. Der Rat stimmte dem zu, sobald der Stricker Hans Schütz von seiner Reise aus Würzburg zurück sei.

Aus den Verhörprotokollen erfuhr der Rat, Barbara Hukler, *vulgo Schuckin Schusterin,* habe ihrer Schwiegertochter Regina *einen Kräuterwein gegeben,* sodass sich diese *hernach den Tod* *selbst antun* musste*, und deren Mutter, Frau Schütz, habe sie *vorgeschnittenen Knöpflein,* also Spätzle, *zu essen gegeben, dass sie bald darauf die Herzängstigung bekommen und dato noch nicht recht ist.*

Nach Meinung der Ratsjuristen Sebastian Reigel und Joachim Persig sollte man Barbara Hukler festnehmen, und die Mehrheit der Ratsherren stimmte dafür, sie durch die Stadtknechte *alsbald in das Amthaus in ein Stüblein* bringen zu lassen. Sie wurde von den beiden Juristen und den zwei Ratseinigern im Beisein der Schreiber *noch mal gütlich vorgenommen und examiniert.* Sie gab *in Summa nichts* zu und bestand darauf, *dass sie ganz rein und unschuldig* sei. Dennoch waren die Juristen der Ansicht, man sollte den nächsten Schritt der peinlichen Befragung vornehmen. Daraufhin wurde *in nomine Deum,* in Gottes Namen, vom Rat beschlossen, *weil es die Rechte zulassen,* mit Barbara Hukler ein *nochmaliges gütliches examen vorzunehmen, und ihr den Nachrichter,* den Scharfrichter, *zuvor mit seinem Werkzeug ad terrorem vorzustellen.*

Auf Anordnung des Rats wurde als Zeugin Ursula Eckler vernommen. Sie berichtete, dass Barbara Huklers jüngste Tochter am vergangenen Michaelstag vor drei Jahren *abends ihr ein gesottenes Kraut und ein Stücklein Fleisch gebracht* habe. Dies wäre das einzige Mal gewesen. Sie habe sich dafür bedankt und war auf das Kraut *begierig.* Danach *wäre es ihr nicht allein in dem Bauch herumgeloffen, sondern gar in den Kopf kommen, ganz und gar nicht schlafen können, sondern nur alleweil hin- und herkehren müssen und gewälzet, auch dann zu Zeiten so wunderbarlich worden, als wann sie sich umbringen sollte.* Es ist ihr heute noch nicht, *wie es sein sollte.* Huklers Tochter wurde gefragt, *ob sie nicht einem Weib vor 3 Jahren ein Kraut und Fleisch gebracht. Die aber ganz und gar nichts gestanden, sie diesem Weib ihr Leben lang niemalen dergleichen gebracht* habe. Sie könne auch nicht sagen, ob es ihre Schwester gewesen sei. Daraufhin wurde die ältere Schwester *aufs Rathaus* befohlen und befragt, die aber *auch nichts hiervon wissen* wollte.

Also stellte man die Schwestern der Zeugin Eckler gegenüber. *Als das Weib die beide Schwestern ansichtig worden,* sagte sie zur jüngsten: *Du hast mir einmal ein Kraut und Fleisch gebracht.* Als das Mädchen widersprach, antwortete Ursula Eckler: *Wahr sei es, wollte ihr Leben zum Pfand setzen.* Man ließ *das Mägdlein und das Weib* nach Hause gehen.

Beim letzten gütlichen Verhör hatte Barbara Hukler erneut alles abgestritten, und ihr Mann versuchte, den Prozess mit einer *untertänigen Bittschrift* zu beenden. Inzwischen hatten die Ratsjuristen Sebastian Reigel und Joachim Persig die Rechtsansicht des einstigen evangelischen Ratsjuristen Paul Georg eingeholt und schlugen vor, zusätzlich auch den ehemaligen katholischen Ratsjuristen Dr. Benz anzuhören, die vor fünf Jahren die verantwortlichen Juristen des größten Dinkelsbühler Hexenprozesses gewesen waren. Damit war der Rat einverstanden. Dr. Benz meinte wie seine Kollegen, wegen ihrer Giftmischerei sei *man bisher recht mit ihr verfahren.* Wenn sie im gütlichen Verhör *noch mal ihr alte Geigen gebrauchen und alles negieren sollte,* müsste man den nächsten Schritt der Tortur vornehmen. Daher ordneten die Räte schließlich noch einmal an: Weil *bei der verstockten Huklerin die Güte nichts* bewerkstellige, solle *zwar anfänglich die noch mal gütlich gehört* werden, und sollte sie dann mit der Sprache nicht herauskommen, solle *in Gottes Namen* schrittweise *mit ihr verfahren werden.*

So wurde Barbara Hukler Mitte Dezember zum wiederholten Mal zuerst gütlich verhört, und auf ihr Leugnen hin *der Daumenstock angeschraubt.* Aber auch diesmal war *alles umsonst gewesen.*

Bereits am Tag darauf wurde sie erneut *mehrmalig gütlich befragt. Weil aber alle Güte nicht bei ihr gefruchtet, ist sie zur Tortur gezogen, erstlich leer,* dann hängte man *ihr einen geringen Stein an die Füß.* Es war *aber alles vergebens,* und man hat *sie dann wieder in ihr Stüblein führen lassen.*

Das Verhör wurde fortgesetzt, und Barbara Hukler gestand ertwas nach dem Aufziehen mit leichtem Gewicht in der anschließenden gütlichen Befragung. *Als man aber vermeint, ein mehrers von ihr zu bringen, sei alles umsonst gewesen.* Ihre unbedeutende Aussage nahm sie wieder zurück. Deshalb meinten die Ratsjuristen, *weil die verhaftete Huklerin noch allerdings halsstarrig und auf die gewisse indicia nichts bekennen wolle, solle sie zur Schärfe gezogen werden.* Was der Rat nun beschloss.

In der Ratssitzung vom 23. Dezember 1660 konnten die zwei Juristen im Beisein der beiden Ratseiniger dem Rat mitteilen, *dass nunmehr die Barbara Huklerin bekennt, dass sie eine fahrende Unhold sei.* Unter der Folter hatte sie weitere Personen bezichtigt.

In der Sitzung des Geheimen Rats am 5. Januar 1661 schlugen die Juristen vor, die Denunziationen, *weil es Leib und Leben betreffe,* dem gesamten Rat nicht mitzuteilen. Man war um die Geheimhaltung besorgt und befürchtete eine leichtfertige Ausweitung des Prozesses.

Da *nunmehr die acta mit der Barbara Huklerin* vollständig waren, wurde von den Juristen *ein Urteil aufgesetzt,* es wurde die Anwesenheit aller Räte für die nächste Sitzung *ohne Urlaub* angeordnet. Wie üblich wurde von den Juristen vorgetragen, dass die begangenen Missetaten ihr *auch zum zweiten Mal ab- und vorgelesen* worden waren, und sie *jedes Mal* bestätigt habe und *darauf leben und sterben wolle.* Danach lasen sie den Urteilsentwurf und die Urgicht vor. Weil sie in der gütlichen wie auch peinlichen Aussage dabei blieb, *dass sie mit der Hexerei behaftet und mit ihren Drutenpulver viel Übles gestiftet* habe, beschlossen die Räte ihre Hinrichtung. Der Rechtstag sollte ihr am nächsten Morgen angekündet werden, damit *sie ihre Seel umso viel mehrers indessen Gott befehlen könne und solle.* Um einen vollzähligen Beschluss herbeizuführen, musste die Stimme des wegen *Leibsschwachheit* nicht erschienenen Bürgermeisters Kranich eingeholt werden.

Bei der Ankündigung ihres Rechtstags wurde Barbara Hukler ein letztes Mal ermahnt, wenn sie *vielleicht einem oder anderer Unrecht getan und aus Feindschaft Neid oder Hass ichtwas ausgesagt, sie sich deswegen wohl besinnen wolle, damit die Obrigkeit nicht betrogen, hingegen sie ihre Seel dadurch in große Gefahr setzen möchte.* Ihr Geständnis wurde ihr *deutlich und langsam* vorgelesen und von ihr bestätigt. Sie bat, *ob Ein Ehrsamer Rat ihr die Gnad bezeigen täten, ihren toten Körper auf dem Kirchhof zu ihrer Söhnerin,* der Schwiegertochter Regina, *zu begraben.* Deren Selbstmord war letztlich der Grund für ihre Hinrichtung gewesen. Dem wurde nicht stattgegeben.

Vom Rat wurde die üblichen Maßnahmen getroffen, dem Scharfrichter wurde gesagt, *dass er sich mit einem guten Schwert und Scheiterhaufen* bereithalten soll, der Bauernvogt wurde angewiesen, die Gerichtsbezirksgrenze abzureiten, dem Wachtmeister wurde der Einsatz der Musketiere angeordnet und befohlen, *die 3 Tor geschlossen und auch verwacht* zu halten, lediglich das Wörnitztor blieb geöffnet.

Barbara Hukler wurde am 15. Januar 1661 hingerichtet. In einer letzten Sitzung wurde dem Rat vormittags *in Gottes Namen* noch einmal alles abgelesen. Das Urteil wurde zum zweiten Mal einstimmig bestätigt, die Stimme des kranken Bürgermeisters Kranich abermals eingeholt.

Dem Stadtammann wurde vom Amtsbürgermeister der Gerichtsbann übertragen, der weiße Stab gereicht, den er nach abgelesenem Urteil und Geständnis zerbrechen sollte, und der Hinrichtungsauftrag erteilt: *Zu welchem Ende ihr mit denen zugegebenen Reitern, Knechten und bewehrter Bürgerschaft bis zum Hohen Gericht oder Schädelstatt reiten und so lang halten sollt, bis die arme Sünderin, wie geurteilt und Recht ist, vom Leben zum Tod und auf den Scheiterhaufen gebracht und aller Orten angezündet und mit hellem Feuer angebrannt worden ist.*

Es folgte der Auftrag, die *arme Sünderin* vom Amthaus unter Läuten der Sturmglocke von St. Georg zum Rathausplatz zu bringen, dem Wagen voraus ging *die gewehrte Bürgerschaft,* der Stadtammann *reitet hinnach,* gefolgt von der *Reiterei. Führen die in den geschlossenen Ring* aus bewaffneten Bürgern. Der *Schleifer*, der Stadtpolizist, klopfte, *still zu sein und zu hören, was Ein Ehrsamer Rat verlesen lasset mit Verbietung, dass kein Bürger ohne Seitenwehr nicht hinaus und kein Weibsperson hinaus gelassen wolle etc.* Unbewaffnete Bürger und Frauen durften an der Hinrichtung nicht teilnehmen. Nach der Verlesung befahl der Stadtammann die Verurteilte *zur Richtstatt zu führen.*

Nach der Hinrichtung meldete er im Rathaus, dass *nun die Exekution, was Urteil und Urgicht geben, glücklich und wohl vollzogen worden, auch der Scharfrichter seinen Befehlen gemäß alles wohl verrichtet* hatte. Nach der Entlassung der bewaffneten Bürgerschaft nach Hause, war *dieser actus geschlossen und geendet.*

Dies war die letzte Hinrichtung einer Hexe der Reichsstadt Dinkelsbühl.

(Ratsprotokolle 5., 6., 27. August; 14., 17., 27. September; 1., 29. Oktober; 2., 19. November; 3., 6., 10., 13., 17., 20., 23. Dezember 1660; 5., 7., 11., 15. Januar 1661. Chronik von Hermann Klee, 1910, nach der verschollenen, zeitgenössischen Chronik von Michael Mögelin.)

## 1661 Frau Drechsel

*… in der Hexerei angetroffen …*

**Bezichtigerin** *Arztfrau Kuch*
**Ursache** *Gerücht*
**Urteil** *Keine Gerichtsverhandlung*

Eine Woche nach der letzten Dinkelsbühler Hinrichtung wegen Hexerei trug der Amtsbürgermeister am 21. Januar 1661 im Rat den nächsten Fall vor. Der Metzger Jacob Braittenbücher, der 1656 in eine Bezichtigung verwickelt gewesen war, und dessen Schwiegersohn Drechsel hatten geklagt. Das Weib des Physicus Hieronymus Kuch streue das Gerücht aus, die Tochter vom Braittenbücher *wäre in der Hexerei angetroffen worden*. Sie baten darum, die Kuch und andere zu verhören.

Der Rat ordnete ein Verhör in der Rathaus-Kanzlei an. Der Schreiber merkte im Ratsprotokoll an: *Aber ganz nichts herauskommen.*

### 1661 Schuster Simon Hukler, sein Sohn Schuster Hans Caspar Hukler, dessen Schwiegervater Stricker Hans Schütz
*... teufelsbannerische Sachen ...*

**Bezichtiger** *Stricker Hans Schütz*
**Ursache** *Vorschlag, den Teufelsbanner aufzusuchen*
**Urteil** *große Verweise*

Am 28. Januar 1661, zwei Wochen nach der Enthauptung der Hexe Barbara Hukler, die ihre Schwiegertochter zum Selbstmord gezwungen haben sollte, wurde eine Klage gegen ihren Mann und dessen Sohn Hans Caspar vorgebracht. Der Vater der Selbstmörderin, der Stricker Hans Schütz, hatte nicht nur Barbara Hukler bezichtigt, sondern mit seiner Frau auch wesentlich zu ihrer Verurteilung beigetragen. Der Inhalt seiner Klageschrift ist nicht genannt. Nachdem die Huklers eine Abschrift erhalten hatten, legten sie ihre *untertänige Verantwortung* schriftlich vor.

Erst zweieinhalb Monate später, am 18. Februar, kam es zur nächsten Verhandlung. Die zwei Ratsjuristen trugen *ihr rechtlich Bedenken* vor, und die Räte ordneten an, beide Parteien auf die Kanzlei einzubestellen und *sie zu guten Freunden componirn,* zu versöhnen. *Wegen ihrer gebrauchten teufelsbannerischen Sachen* wurde ihnen ein großer Verweis erteilt. Sie hätten zwar eigentlich *andern zum Exempel eine wirkliche Straf verdient,* der Rat wolle sie jedoch für diesmal verschonen.

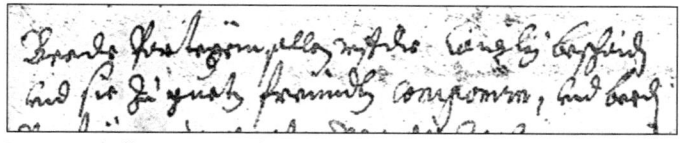

Ratsprotokoll vom 18. Februar 1661: Beede Parteyen sollen uff die Canzley beschaiden Und sie Zu gueten freundten componirn,

Der Rat ordnete außerdem an, vom Fenster der Trinkstube auf den Marktplatz hinunter solche Teufelsbannereien öffentlich zu verbieten. (Ratsprotokolle 28. Januar, 11., 18. Februar 1661.)

### 1661 Alte Weberin Maria Riss

*… der Weberin einen Widerruf tun …*

**Bezichtiger** *Zimmermann Hans Mayr (Truden-Zimmermann)*
**Ursache** *Gerede*
**Urteil für den Bezichtiger** *Widerruf des Vorwurfs und Verbannung*

Der Zimmermann Hans Mayr, bezeichnender Weise als *Truden-Zimmermann* bekannt, arbeitete derzeit in der Geißmühle. Er redete der erkrankten Catharina Schuster aus Dambach bei Mönchsroth zu, sie solle *um Gottes Willen* zur alten Weberin Maria Riss in Wört gehen und sie bitten, *ihr zu helfen*, indem sie ihren Zauber zurücknimmt, mit dem diese sie *verderbt und verhext* habe. Tatsächlich suchte Catharina Schuster die alte Weberin auf, die aber sagte, *sie hätte ihr nichts getan* und *könnte ihr auch nicht helfen.*

Das ehrenrührige Gerede, sie könne hexen, wollte die Weberin Maria Riss nicht auf sich sitzen lassen. In der Ratssitzung am 29. April 1661 klagte ihr Schwiegersohn Hans aus Wört gegen den Vater Wolf Schuster und dessen Tochter Catharina. Der erklärte, dass der *Truden-Zimmermann* das behauptet habe. Daraufhin schickte man beide Parteien nach Hause und ließ nach dem Zimmermann Hans Mayr fahnden.

Zwei Monate später wurden in der Ratssitzung am 1. Juli die Verhöre sämtlicher Beteiligten zur *Hexereibezichtigung* abgelesen. Da nichts Belastendes herauskam, fällte der Rat das Urteil, der Zimmermann Hans Mayr soll *der Weberin einen Widerruf tun.*

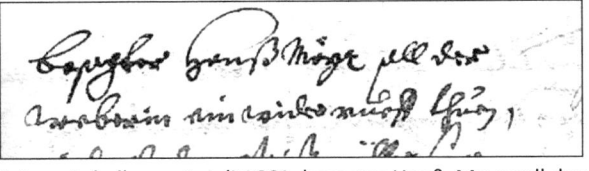

Ratsprotokoll vom 1. Juli 1661: besagter Hanß Mayr soll der weberin ein wider rueff thuen,

Darüber hinaus soll er nach Beendigung seiner Arbeit in der Gaißmühle das Dinkelsbühler Staatsgebiet verlassen. Falls er das nicht täte, würde der Rat ihn *was anders sehen* lassen, nämlich eine schärfere Strafe verhängen.
(Ratsprotokolle vom 29. April, 1. Juli, 1661.)

**133**

### 1661 Jüngste Tochter des Stadtknechts Friedrich Sorrein
*… mit dem leidigen Satan besessen …*

**Bezichtigerin** Stadtknechtsfrau Anna Sorrein
**Ursache** Bitte um finanzielle Unterstützung
**Urteil** Genehmigt und an die Geistlichkeit verwiesen

Im vierten Rechtsfall des Jahres 1661 ging es um Besessenheit, wofür die Kirche zuständig war. In der Ratssitzung am 24. Oktober wurde das Gesuch der Stadtknechtsfrau Anna Sorrein beraten. Sie wollte eine amtliche Bescheinigung für eine kleine Unterstützung, weil ihre jüngste Tochter *mit dem leidigen Satan besessen* war. Der Rat beschied ihr, für die Unterstützung solle sie sich an die Stadtkammer wenden, für die *Attestation* an die Geistlichkeit.

### 1663 Zieheltern Georg Pölsterer und Familienmitglieder
*… bei ihnen das Hexenwerk gelernt …*

**Bezichtigerin** Ziehtochter Barbara Kolb (Tochter des Stadtknechts Bartel Kolb)
**Ursache** Gerede
**Urteil** Ohne Dinkelsbühler Urteil, dem Markgrafen von Ansbach überlassen

Barbara Kolb, das Töchterlein des Dinkelsbühler Stadtknechts Bartel Kolb, lebte bei Zieheltern in Aichenzell bei Feuchtwangen. In der Familie Georg Pölsterer war das Mädchen *von der Wiege* an aufgezogen worden und war nun vor ungefähr zwei Monaten heim nach Dinkelsbühl gekommen.

Weil Barbara Kolb *allzu viel von Hexerei reden tut*, war vom Bürgermeister und Rat *anbefohlen* worden, das sieben- bis achtjährige Kind auf der Rathauskanzlei zu verhören. In der Ratssitzung am 3. Juli 1663 wurde das Verhör abgelesen, in dem es hieß, Barbara habe in der Familie *das Beten* nicht gelernt.

Unterdessen waren Frau Pölsterer und ihr Sohn im Rathaus erschienen und hatten sich ihrerseits über die Behauptung von Kolbs Töchterlein beschwert, sie hätte *bei ihnen das Hexenwerk gelernt.* Diese Bezichtigung *könnten sie uf ihnen nit liegen lassen, sondern müssten ihren guten Namen* verteidigen. Der Rat ließ ihnen ausrichten, sie sollten ihre Klage *schriftlich* einreichen.

Drei Tage später wurde in der Ratssitzung das Kanzleiverhör des Kindes erneut abgelesen, außerdem hörte man an, was *das Mägdlein* beim evangelische Pfarrer Krafft ausgesagt hatte. Überraschend schnell hatte der für Aichenzell zuständige markgräfliche Vogt in Feuchtwangen den Rat um die Verhörprotokolle gebeten, die ihm der Rat auch zuschickte. Er bedankte sich und übergab seinerseits die Verhöre von Georg Pölsterer, seiner Frau, des Sohns und seiner zwei Töchter. Er bat, Barbara Kolb *nochmals zu verhören und ihm deren Aussag zu kommunizieren.*

Der Ratsjurist empfahl dem Rat, das zu tun, und im Übrigen brauche den Rat der Fall nicht zu kümmern, denn die Fürstliche Durchlaucht zu Ansbach hätte vortreffliche Herren Räte, die in *der Sache, was dazu gehörig, zu tun wissen werden.*

In der Ratssitzung am 28. Juli 1663 wurde das abermalige Verhör von Barbara Kolb wegen der *Hexereisachen* abgelesen und

an den Vogt gesandt, womit der Fall für die Reichsstadt Dinkelsbühl abgeschlossen war. (Ratsprotokolle 3., 6., 16., 20., 28., 30. Juli
1663.)

*1663 Bienendieb Michel Mayr*

*... mit dem Strang zu Tod richten und sich in Acht nehmen ...*

**Bezichtiger** *Selbstbezichtigung*
**Ursache** *Verwirrtheit?*
**Urteil** *Tod durch Galgen*

Die letzte Hinrichtung in Zusammenhang mit Hexerei ist der
kürzeste Dinkelsbühler Fall. Der Hauptprozess dauerte nur drei
Tage. Michel Mayer, der sogenannte *Immendieb*, saß im Gefängnis ein, die eigentliche Untersuchung seines Vergehens war
abgeschlossen. Da wurde in der Ratssitzung am 12. Oktober
1663 vorgetragen, Mayer sage, *der Böse* habe ihm hinaushelfen
wollen, indem er seine *Ketten losgemacht*, die Tür geöffnet und
seinen Hut und sein wollenes Hemd hinabgeworfen habe. Es sei
ein Schatten zu ihm gekommen, um ihn zu befreien. *Als er aber
Gott angerufen, so wär der Schatten verschwunden, und darauf
sei er wieder ins Gefängnis gangen, und sich wieder einge-
schlossen.*
Der Rat ordnete an, Mayr solle umgehend über seine Äußerun-
gen verhört und die *Exekution schleunigst mit ihm vorgenommen werden*. Noch in derselben Sitzung wurde das Ergebnis der
Befragung vorgetragen, wie der Gefangene Michel Mayr selbst
*die Eisen losworden und davon wollen*. Man beschloss seine
Hinrichtung in drei Tagen.

Am 15. Oktober 1663 verlas der Ratsjurist das *Peinliche Urteil.* Die Ratseininger bestätigten als beauftragte Ratsherren, dass *die Diebstähl von Punkt zu Punkten* gemäß der Aussagen und Bekenntnisse des Verurteilten stimmten, worauf im Rat schließlich gefragt wurde, welchen *Tod er sterben soll.*

Es wurde einstimmig beschlossen, der Scharfrichter solle *den Armen Sünder mit dem Strang zu Tod richten und sich in Acht nehmen, den Armen Sünder* nicht lange leiden zu lassen.

Nach der Hinrichtung berichtete der Stadtammann dem Rat, die Exekution sei *glimpflich vollzogen* worden und der Arme Sünder sei *ohne Vermerkung sonderlicher Schmerzen gestorben.* Er habe die Leute gebeten, *ein gnädig Vater Unser und Ave Maria für ihn zu beten.*

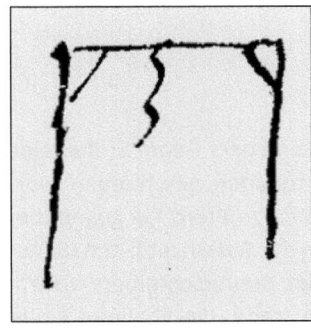

Galgen (Randzeichnung bei den Prozesskosten im Steuerbuch 1611).

# Keine Hinrichtungen von Hexen, Zauberern und Teufelsbannern

ab 1664

*1664 Ehepaar Keller*
*Tochter, Frau Graf*
*Tochter, Frau Mayer*
*… nachts auf dem Zimmerplatz getanzt …*

**Bezichtiger** anonym
**Ursache** Gerede
**Urteil** Keines

Über Nacht war am Haus des *Einspännigers* Georg Stohel eine Hexereibezichtigung auf den Fensterladen geschrieben worden. Die untere Stube des Stadtboten zu Pferd lag gegenüber vom Haus eines gewissen Kellers. In der Ratssitzung am 18. August 1664 wurde die Mitteilung des Steuerschreibers vortragen, dass auf Stohels Fensterladen stehe, die Eheleute Keller samt ihren beiden Töchtern Frau Graf und Frau Mayer, *seien Hexen, mit welchen er den Samstag nachts auf dem Zimmerplatz getanzt habe.* Auf dem vor der Stadtmauer gelegenen Platz richteten die Zimmerleute ihr Bauholz her.

Der Rat schickte den Steuerschreiber und den Kanzlisten mit dem Stadtknecht zu Georg Stohels Haus, um *die Schrift* zu begutachten, danach sollte der Stadtknecht sie *auslöschen.* Nach ihrer Rückkehr berichteten sie, obgleich die Schrift bereits abgewischt gewesen sei, *hätten sie es doch nochmal lesen, aber nit kennen können.* Damit wurde dieser Fall nicht weiter verfolgt.

### 1664 Margaretha Schmätzer (Finken Maigel)

*… Rettung ihres ehrlichen Namens …*

**Bezichtigerin** Sailerfrau Magdalena Heinrich
**Ursache** Gerede
**Urteil für die Bezichtigerin** Widerruf und Abbitte

Die Sailerfrau Magdalena Heinrich hatte *nicht allein in ihrem Haus, sondern auch auf öffentlicher Gassen* verbreitet, Margaretha Schmätzer, die sogenannte Finken Maigel, *wäre eine Hexin und hätte ihr Gift eingeben*, worauf sie *große Schmerzen leiden* habe müssen. Dagegen erhob die Bezichtigte Klage.

In der Ratssitzung am 24. Oktober 1664 wurde das Ergebnis des Kanzleiverhörs vorgetragen. Zur Verhandlung erschienen waren die Klägerin Schmätzer zur *Rettung ihres ehrlichen Namens* wie auch die Beklagte. Die Juristen schlugen vor, Magdalena Heinrich müsse *einen öffentlichen Widerruf und Abbitte tun*, womit diese einverstanden war. Sie sagte, dass sie von der *Finken Maigel anders nichts als all Ehr und Redlichkeit und Guts wisse und halte*. Sie gab *darauf der Finken Maigel die Hand* und versprach, sie auch gegebenen Falls, *da sie dieser Sach halben inskünftig sollte angefochten werden, bestmaßen zu verteidigen*. Diese Abbitte nahm Margaretha Schmätzer *aus christlicher Liebe* an, womit *der Heinrichin alles verziehen und vergeben* war.

*… auch eine Abbittung getan …*

**Bezichtiger** Tuchmacher Hans Jörg Storr
**Ursache** Hexenbannerei
**Urteil für den Bezichtiger** Widerruf und Abbitte

Die Witwe Anna Hirlbach hatte verbreitet, einen Hexenbanner aufsuchen zu wollen, weshalb sie der Tuchmacher Hans Jörg Storr eine Hexe nannte. Ihre Klage, *eine Bezichtigung betreffend*, wurde in der Ratssitzung am 10. April 1666 vorgetragen.
Der Rat beschloss, sie solle dies in der Rathauskanzlei vorbringen. Bei der Einvernahme gab Hans Jörg Storr der Bezichtigten *ihren ehrlichen Namen* wieder und hat *auch eine Abbittung getan*.
Dies genügte Anna Hirlbach nicht. Sie bat am 16. April, dies im Ratsprotokoll festzuhalten und ihr eine *Attestation* zu erteilen. Der Rat ordnete an, ihr einen Schein auszustellen. Aber alle, die *bei den Hexenbannern inskünftig Hilf suchen,* sollen ohne Nachsicht *exemplarisch gestraft werden.*

### 1666 Witwe Apolonia Tarrant

*… der sie injuriert und gehexet …*

**Bezichtiger** Jude Abraham Frommele
**Ursache** Zorn
**Urteil für den Bezichtiger** Widerruf und Geldstrafe

Die Witwe Apolonia Tarrant klagte in der Ratssitzung am 7. Mai 1666, der Dinkelsbühler Jude Abraham Frommele habe sie *injuriert und gehexet.* Sie bat um die Herstellung ihres guten Namens. Abraham konnte nicht erscheinen und entschuldigte sich, weshalb beide am nächsten Ratstag, dem 14. Mai, erschienen. Die Witwe gab an, dass Abraham sie *ein los Weib tituliert* habe und forderte 18 Gulden, *dass man ihro ihr Recht gäbe.* Abraham gestand die Beschimpfung, es sei *aus Zorn geschehen,* weil sie ihn auf der Ratskanzlei *fälschlich angegeben* habe. Die Beleidigungen wurden *ex officio* aufgehoben, der Rat ordnete eine Geldstrafe von 15 Gulden an.

### 1666/67 Säcklerfrau Barbara Müller
### Ehemann Säckler Stephan Müller
### Schwägerin Zimmermannsfrau Jacobina Müller
### Catharina Grüber (Schmelzerin)

*… ihr in Brandwein ein Neiglein Gift zu trinken gegeben …*

**Bezichtiger_innen** *Beteiligte gegenseitig*
**Ursache** *angebliche Giftmischerei*
**Urteil** *Widerruf, Abbitte, Narrenhaus, Gefängnis, Ausweisung*

Zuerst klagte Catherina Grüber, genannt Schmelzerin, in der Ratssitzung am 18. Juni 1666 gegen Barbara Müller, die Frau des Geldbeutelmachers Stephan Müller, *welche ohne Scheu sie ausschreie und bezichtige*, sie habe deren Schwägerin Jacobina Müller, *bei einer Wäsch beim Andreas Hoffmann Gift eingeben*. Die Klägerin bat darum, dass die Säcklerfrau Barbara Müller *es* beweise oder aber ihr ihren guten Namen wieder gebe. Man möge sie auch *deswegen gebührlich abstrafen*.

Barbara Müller gestand die *Bezichtigung* und gab als Grund an, Catherina Grüber habe Brandwein getrunken und ihrer Schwägerin Jacobina Müller angeboten. Als diese nicht mittrinken wollte, ihr zugeredet, sie *solle trinken, es schade ihr nit, es wäre ein guter Weinbrandwein*. Danach sei es ihrer Schwägerin *in Leib, in alle Glieder geschlagen, dass sie fast unmenschliche Schmerzen leidet*.

Der Rat ordnet an, beide Parteien samt ihren Zeugen auf der Kanzlei zu vernehmen. Die beiden Ratsjuristen berichteten danach, die Säcklerfrau Barbara Müller habe Catherina Grüber tatsächlich *zum Öfteren eine Hexen gescholten* und halte sie immer noch für eine. Sie könne es jedoch nicht beweisen, weshalb sie den Widerruf schuldig sei. Dagegen sei zu fragen, wo der Zimmermann Müller, der Mann von Jacobina, gewesen sei, und *wo er das Bündelein* Wäsche *genommen und wohin getan* habe.

In der Ratssitzung im Juli trat dann die leidende Zimmermannsfrau Jacobina Müller als Klägerin auf. Catherina Grüber habe *ihr in Brandwein ein Neiglein Gift zu trinken gegeben, dass sie hernach noch selbigen Täg deppisch und närrisch, auch krumm worden sei*. Sie *habe ihr was in Brandwein gegeben und kein ander Mensch, sie sei ein Hex und Trudt.* Die beklagte Grüber widersprach, *sie tue ihr Unrecht*, und forderte ihrerseits *inständig Beweistum*. Der Rat ordnete nun an, die Wäscherinnen noch einmal auf der Kanzlei zu befragen, ob die Grüber der Jacobina Müller *ein Neiglein gegeben* habe.

In der Zwischenzeit bestätigte der beigezogene Arzt Dr. Moll, der *Zustand und Affekt* von Jacobina Müller sei *suspekt und unnatürlich*. Dagegen trugen die Woche darauf die Juristen vor, *dass kein gründlicher Beweis* herausgekommen sei und *dass solche grobe und unbillige Bezichtigungen ungestraft nit könnten abgehen*. Auch *das Hinauslaufen zu den Teufelsbannern* müsste *andern zum Exempel* mit Gefängnis bestraft werden. Dementsprechend beschloss der Rat, weil die Bezichtiger *ihren*

*Verdacht nit an Tag bringen konnten,* sollen sie *der Grüber eine öffentliche Abbitte tun, wie sich gebührt.*

Das verweigerte die Säcklersfrau Barbara Müller, weshalb sie ins Amthausgefängnis kam. Ihr Mann Stephan wurde mit seinen Beiständen Jacob Degner und Caspar Bopfinger beim Rat vorstellig und bat, seine Frau aus dem Gefängnis zu entlassen. Und am nächsten Tag übergab er *ein Memorial* seiner Frau Barbara, in dem sie ebenfalls um Entlassung bat, allerdings mit der Bemerkung, sie tue nun einmal *kein Abbitt.* Der Rat ließ sie daraufhin *in ein Narrenhäuslein* setzen, doch es sollte *niemand zu ihr gelassen werden, bis sie sich eines anderen* besinnen würde. Sie besann sich tatsächlich und leistete Catherina Grüber im Beisein ihres Ehemanns Georg *eine öffentliche Abbitt.* Sie wisse von der Grüber nichts anderes, *als alles Liebs und Guts, sie hätte sich übereilt und diesfalls ihr zu viel Unrecht getan.*

Die krumme Jacobina Müller dagegen, *wollte es nit abbitten.* Sie beharrte *auf ihrem halsstärrischen Kopf,* die Grüber habe ihr im Brandwein etwas *zu trinken geben, dass sie dadurch erkrummt worden* sei. Der Rat gab ihr drei Tage *Bedenkzeit,* ihre Sache besser zu beweisen oder wie ihre Schwägerin *öffentliche Abbitt zu tun,* unterdessen aber *in Ruhe und Fried verbleiben.*

Mitte August ließ Catherina Grüber im Rat vorbringen, die Zimmermannsfrau Jacobina Müller habe ihr noch *kein Abbitt getan,* sie bat *um Verhelfung.*

Anfang September war die krumme Jacobina Müller immer noch nicht bereit, abzubitten, sie *verbleibe darauf, dass sie von der Grüber verkrümmt worden* sei. Und die versöhnten Frauen Catherina Grüber und Säcklerfrau Barbara Müller wollten die Kanzleigebühr nicht zahlen, sondern gaben *nur spöttische und höhnische Worte von sich.*

Hartnäckig verlangte Catherina Grüber einen Monat später erneut, dass ihr die inhaftierte Jacobina Müller den *ehrlichen Namen* zurückgeben solle. Es erfolgte ein weiteres, erfolgloses Verhör, worauf der Rat ein letztes Verhör anordnete. *Falls sie nit abbitten wollte,* solle man ihr sagen, *dass sie inner 2 oder 3*

Tagen die Stadt räumen oder durch den Büttel hinausgeführt werden solle.

Der Fall nahm eine Wendung, als der Ehemann der freigelassen Barbara Müller, der Säckler Stephan Müller, in der Ratssitzung am 5. November Catherina Grüber anklagte. Diese habe ihn vor einer Woche und sein Weib *ohne all Ursach gehexet* und mit der Bemerkung *das wolle sie beweisen,* als Hexen beschimpft. Dasselbe habe sie vor ein paar Tagen *auch seiner Schwester getan.* Catherina Grüber gab ihre Beschimpfung zu, könne aber nicht beweisen, *dass sie Truttenleut seien.* Es habe *alles der Zorn verursacht.* Weil Catherina Grüber *wider das Friedensgebot gehandelt* hatte, kam sie ins Gefängnis. Dort widerrief sie *ihre Bosheit*, saß aber zur Strafe noch einige Tage ein.

Im Rat wurde außerdem gefragt, was mit der inhaftierten Zimmermannsfrau Jacobina Müller zu tun sei. Man hatte ihr den letzten Ratsbescheid eröffnet, sie sei aber *nit zu parieren gewillt.* Sie wurde vor den Rat geholt und wurde noch einmal gemahnt, Abbitte zu leisten. Sie antwortete, *nein, sie tue es nit.* Daraufhin verurteilte man sie dazu, noch am selben Tag die Stadt zu verlassen. Sie verließ die Stadt nicht, der Rat musste anordnen, sie *alsobald durch den Stadtknecht jetzt zum nächsten Tor* hinauszuführen. Sie weigerte sich, zum nächst gelegenen Tor hinauszugehen, sie wollte wie andere auch beim Nördlinger Tor hinausgeführt werden.

Keine Woche später erschien *eine Vorbitt* von zwölf Bürgern im Rathaus, Jacobina Müller sei doch *ganz schwach und krank.* Man möge sie *mit obrigkeitlicher Milde ansehen und begnadigen* und sie wieder in die Stadt lassen. Ihr Vater sei *ein alter Bürger gewesen* und habe *das Seinige dabei eingebüßt.* Der Rat machte deutlich, Jacobina Müller habe sich keineswegs zu beschweren, *denn man habe ihr öfters auferlegt, Abbitte zu tun, aber sie habe sich jederzeit boshaftigerweis widersetzt und sich hierinnen ungehorsamlich erzeigt.* Normalerweise würde man Gnade walten lassen, *bei solcher Boshaftigkeit aber* bleibt es *bei dem erteilten Bescheid.* Allerdings waren die zwei Ratsjuristen der Ansicht, der Rat könne Jacobina Müller durchaus *noch begnadigen,* wenn sie der Grüber abbitte.

Drei Wochen nach ihrer Ausweisung wurde im Rat vorgetragen, Jacobina Müller habe sich zum Rothenburger Tor *in Bauerkleidern hereinpraktiziert.* Derzeit solle sie in der Unsinnigen Mühle sein. Es wurde angeordnet, sie im Amthausgefängnis festzusetzen und sie nach ihren Helfern zu befragen. Dazu kam es aber nicht. Über zwei Monate danach erschienen abermals Fürbitter im Rathaus und baten, *diese wieder in die Stadt zu lassen*, denn sie sei etwas *unpässlich*. Doch der Rat blieb hart, solange Jacobina Müller nicht abbitte, bleibe es bei dem Urteil.

Es war über ein halbes Jahr seit Verhandlungsbeginn vergangen, als Jacobina Müller am 26. Februar 1667 bei der Prozessauslöserin Catharina Grüber Abbitte leisten wollte. (Ratsprotokolle 18., 28.Juni, 5., 13., 23., 24. Juli, 3., 14., 23. August, 6. September, 11., 25. Oktober, 5., 6., 12., 19., 26. November 1666; 11., 25. Februar 1667.)

### 1667 Witwe Mannberger

*… Gefährlicher Reden, Hexerei wegen …*

**Bezichtiger_in** *Unbekannt*
**Ursache** *Gerede*
**Urteil** *Ausweisung*

Die Witwe von Jesaia Mannberger verübte Diebstähle. Der Rat verurteilte sie *gefährlicher Reden, Hexerei wegen*. Sie wurde von zwei Bütteln und zwei Schrannenarbeitern zum Stadttor hinausgeführt. Die Stadt trug bei diesem Gerichtsfall die Unkosten von 60 Kreuzern, was 1 Gulden war. (Stadtkammerrechnung, Malefizsachen, 28. Juni 1667.)

### 1667 Anna Magdalena Textor
*… gehext und gedrutet …*

**Bezichtiger** *angeblich Jude Abraham Frommele*
**Ursache** *Schulden der Klägerin*
**Urteil für Bezichtigte** *Zahlung der Schulden*

Anna Magdalena Textor hatte bei dem Dinkelsbühler Juden Abraham Frommele Schulden.  Vermutlich hatte er die Bezahlung angemahnt. Nun  klagte sie ihn der Ratssitzung am 11. Juli 1667 an, er habe sie *gehext und gedrutet.* Das wollte sie *mit einem körperlichen Eid* beschwören. Frommele gestand das nicht ein, er wolle *Leib und Leben* hingeben, wenn er sie beschimpft habe. Der Rat überließ die Sache den beiden Ratsjuristen und beiden Einigern, die auf der Ratskanzlei beide Parteien befragten. Weil Anna Textor keine Zeugen nennen konnte, wurden die *Injurien ex officio* aufgehoben. Die Klägerin wurde verurteilt, ihre Schulden bei Abraham Frommele bis Bartholomäi zu bezahlen.

*… zwei Kälber zu Tod geritten …*

**Bezichtiger** Bauer Hans Jörg May
**Ursache** Rache
**Urteil für Bezichtiger** Abbitte

Der Dinkelsbühler Landuntertan Hans Jörg May in Oberkemmathen war ein gottloser Trinker und ließ Haus und Hof verkommen. Die bei ihm eingezogenen Eheleute Jörg Kübler, markgräflich-brandenburgische Untertanen aus Ellwangen, waren bald wieder ausgezogen. Nun beklagte sich Frau Kübler beim Pfarrer Johann Balthasar Weber in Ammelbruch, *dass der Jörg May sie öffentlich für eine Drutten und Hexen tät ausschreien*. Sie hätte *ihm zwei Kälber zu Tod geritten*.

Der Pfarrer ging der Sache nach und befragte die Nachbarn. Sie bestätigten, der Bauer erzähle herum, als er Jörg Kübler beschimpft habe, sei dessen Frau zur selben Zeit in sein Haus gegangen, habe *Flachs geholt* und außerdem *die Kälber verhext und zu Tode geritten, und darauf seien sie auch gestorben*. Deshalb könne er nicht anders, als sie *für ein Drutten und Hexen halten*. Der vom Pfarrer ebenfalls befragte Hans Jörg May stritt seine Hexereibezichtigung ab und gab lediglich zu, sobald *der Hagel und der Teufel* die Küblers *aus seinem Haus* vertrieben habe, *wär das Kalb alsbald verreckt*.

Da der Bauer Jörg May dinkelsbühlischer Untertan war, erhob der bezichtigte Jörg Kübler Klage bei der Reichsstadt Dinkelsbühl. May leugnete seine Vorwürfe im Verhör, die drei von Kübler beigebrachten Zeugen bestätigten jedoch, May habe gesagt, nach dem Auszug der Küblers seien ihm die Kälber eingegangen. Der Rat verurteilte Jörg May, die Unkosten zu tragen und *dem Kübler wie auch seinem Weib ihren ehrlichen Namen* wieder zu geben. (Akten 26. August, Verhörprotokoll 28. August 1669.)

*... eine Hex und Trutt geheißen ...*

**Bezichtigerin** *Frau von Balthas Berchtold*
**Ursache** *Kindstod*
**Urteil für Bezichtigerin** *Halsgeige*

Catharina Mack klagte im Rat gegen die Frau von Balthas Berchtold. Diese bezichtige sie, vor zwei Jahren deren Söhnlein *vermittelst eines gegebenen Zuckers ums Leben gebracht* zu haben. Im Verhör blieb Frau Berchtold dabei, ihr Kind sei wegen der Mack gestorben, *sie wolle auch darauf leben und sterben*. Da sie aber keine Beweise beibringen konnte, wurde von den Bürgermeistern ein Vergleich geschlossen.
Als Catharina Mack von Frau Berchtold erneut *unter den Leuten eine Hex und Trutt* genannt wurde, beschwerte sie sich beim Rat und bat *um ihren ehrlichen Namen*. Der Innere Rat beschloss am 9. Januar 1671, dass der Frau von Balthas Berchtold wegen *ihres Ungehorsams* gegenüber der Obrigkeit *die Geigen angeschlagen* werden soll.

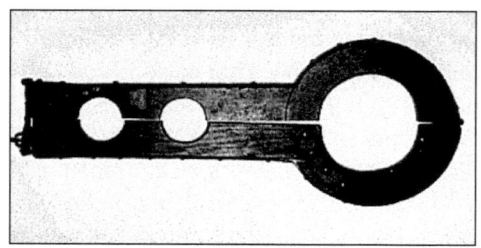

Dinkelsbühler Geige für Hals und Hände (Fundus Des Historischen Vereins). Der Pranger befand sich an der Hausecke der Ratstrinkstube.

**148**

## 1678  Wirtssohn von Oberbach

*… könne sich unsichtbar machen …*

**Bezichtiger** *Pfarrer von Wilburgstetten*
**Ursache** *Gewalttätigkeit*
**Urteil**  *Keines*

Der Wirtssohn von Oberbach war in Villersbronn dem Pfarrer von Wilburgstetten begegnet und hatte ihn *übel traktiert* und *mit dem Messer überloffen*. Er schrie dabei, er *könne sich unsichtbar machen,* der Teufel habe ihm das Messer gegeben, er müsse jemanden umbringen. Da der Ort Wilburgstetten zur Reichsstadt gehörte, klagte der Pfarrer gegen ihn in Dinkelsbühl am 10. Juni 1678 an. Der Rat befahl dem Bauernvogt, nach Wilburgstetten zu reiten und den Burschen zu verhaften.
In der Sitzung am 14. Juni teilte der Amtsbürgermeister mit, der Wirtssohn halte sich um und in der Stadt auf. Der Rat befahl, an den vier Stadttoren achtzugeben und ihn gefangen zu setzen.

## 1679  Leonhard Kraus

*… das Vieh zu Tod reiten …*

**Bezichtiger** *Magistrat von Feuchtwangen*
**Ursache** *Unbekannt*
**Urteil**  *Unbekannt*

**149**

In der Ratssitzung am 14. Juli 1679 wurde ein Schreiben des markgräflichen Vogts, Bürgermeisters und Rats von Feuchtwangen vorgetragen. Darin wurde Leonhard Kraus als *Hexenmeister* bezichtigt, der *im Spital das Vieh zu Tod reiten* hilft. Weiteres ist nicht bekannt.

## 1680 Frau des Goldschmieds Georg Goldtbach

*… sich zu einer schwarzen Katz gemacht …*

**Bezichtiger** *Goldschmied Gottfried Dresch*
**Ursache** *Vermutlich Frauenstreit*
**Urteil** *Unbekannt*

Der Goldschmied Gottfried Dresch aus Ansbach verbreitete in der Reichsstadt das Gerücht, die Frau des Dinkelsbühler Goldschmieds Georg Goldtbach habe *sich zu einer schwarzen Katz gemacht.* Sie habe *seinem Weib hart zugesetzt.* In der Ratssitzung vom 26. November 1680 wurden hierzu die Aussagen einiger Bürger vorgetragen. Georg Goldtbach bat um eine *Abschrift* des Kanzleiverhörs und darum, gegen Gottfried Dresch gerichtlich vorzugehen. Man beschloss, Goldtbach die Aussagen mitzuteilen und die Ratsjuristen anzuhören. Weiteres ist zu dem Fall nicht bekannt.

*… ein Hex …*

**Bezichtiger_in** Unbekannt
**Ursache** Gerede
**Urteil** Unbekannt

Eine gewisse Susanne Beck saß in einer Gefängniszelle des Amthauses am Rothenburger Tor. Es war geredet worden, *dass sie mit ihrem Vater zu tun gehabt* habe und *ein Hex sei.* In der Ratssitzung vom 23. November 1682 wurde ihr Kanzleiverhör vorgetragen. Man beschloss, den Fall den Ratsjuristen zu *überlassen.* Weiteres ist nicht bekannt.

*1687  Küsterfrau in Crailsheim*

*… das Vieh zugrund gerichtet …*

**Bezichtiger** Eheleute Hans Hornung
**Ursache** Gerede
**Urteil** Unbekannt

In der Ratssitzung am 7. März 1687 wurde ein Schreiben des Kastners Steinbrenner im markgräflich-ansbachischen Crailsheim, *Inzichten* betreffend, vorgetragen. Der Dinkelsbühler Hans Hornung und sein Weib hätten die Frau des Crailsheimer Küsters bezichtigt, sie sei *ein Hex,* die ihrem Nachbarn *das Vieh zugrund gerichtet* habe. Sie habe dann *von einem Hexenmeister ihren Lohn, dass sie darüber das Leben lassen müssen, empfan-*

*gen*. Der Rat ordnete an, Hans Hornung und seine Frau zu verhören und die Aussagen dem Kastner nach Crailsheim mitzuteilen. Weiteres ist zu dem Fall nicht bekannt.

### 1687  Eheleute Thomas Engelhard
*... Schinder, Puter und Hexenleut gescholten ...*

**Bezichtiger** Wirtsleute in Weidelbach
**Ursache** Geschäftsneid
**Urteil** Unbekannt

Der Dinkelsbühler Spitaluntertan Thomas Engelhard wohnte in Weidelbach und braute Bier, das er im Straßenverkauf zapfte. In der Ratssitzung am 14. März 1687 klagte der Dinkelsbühler Kemmleinsmüller Hans Stolz im Namen seines Schwiegersohns Engelhard gegen die *deutschherrlichen Wirt und Wirtin* in Weidelbach. Sie hätten die Engelhards unehrenhaft als *Schinder, Puter und Hexenleut* beschimpft. Engelhard habe sich beim Amtsverweser Schrott des Deutschen Ordens beklagt, der habe aber nichts unternommen. Der Rat ordnete an, ein Schreiben *der ausgestoßenen Inzichten halber* an den Landkomtur des Deutschen Ordens von Zocha nach Ellingen zu senden. Dieser antwortete, der neue Ordensvogt werde Abhilfe schaffen.
In einem weiteren Schreiben verlangte der Landkomtur, Dinkelsbühl solle seinem Untertan Thomas Engelhard in Weidelbach das Bierzapfen verbieten. Der Rat beschloss, die Meinung der Ratsjuristen anzuhören und danach das Schreiben zu beantworten. Weiteres ist zu dem Fall nicht bekannt. (Ratsprotokolle 14., 21. März, 21. April, 7. Juli 1687.)

### 1688  Eva Rumpler
*… der Hexerei halben nit …*

**Bezichtiger_in** *Unbekannt*
**Ursache** *Gerede*
**Urteil**  *Keines*

Eine gewisse Eva Rumpler war vor Jahren als Hexe verschrien gewesen. Als ihr Mann nach Feuchtwangen zog, ließ sie der Rat aus der Stadt schaffen. In der Ratssitzung vom 13. Februar 1688 suchte der Tuchmachergeselle und Bürgersohn Friedrich Hainle um einen Schein *wegen seiner Ahnfrau Eva Rumpler* an, der den Grund ihrer Ausweisung beinhalten sollte. Der Rat bewilligte *das Attestatum*, weil die *Rumplerin der Hexerei halben nit, sondern ihrem Mann nach Feuchtwangen nachzuziehen,* ausgewiesen worden sei.

### 1689  Stockgräber Hans Wimmer
### die Segringer Hirtin Maria Keyser
### ihre Töchter
*… Namen Gottes vielfältig entunehrt …*

**Bezichtiger_in** *Unbekannt*
**Ursache** *Segenheilung*
**Urteil**  *Verbannung  aus dem Stadtstaatsgebiet*

Der Stockgräber Hans Wimmer, gebürtig in Hinter-Florian im Ländl ob der Enz, sowie die ehemalige Hirtin in Segringen, Maria Keyser, hatten *mit unzulässigen und von Gott verbotenen Mitteln* wie Segensprechen heilen wollen. Nämlich einigen *durch böser Leut und Nachstellungen verkrampten und verkrümmten Personen.* Dies konnte *ohne des Bösen Feinds zutun nit* gehen, wodurch *der Namen Gottes vielfältig entunehrt worden* war. Hans Wimmer, Maria Keyser und deren eine Tochter wurden verhaftet und gütlich verhört.

In der Ratssitzung am 18. April 1689 erkundigte sich der Amtsbürgermeister nach dem Ergebnis der Befragung. Es war unbefriedigend, weshalb der Rat anordnete, die Tortur anzuwenden. Als die Ratsjuristen dem Rat berichteten, es gebe keine neuen Erkenntnisse, beschloss man, die Hirtin noch einmal gütlich zu befragen, beim Mann aber den Daumenstock anzulegen und so zu tun, als wolle man ihn foltern. Dagegen schlugen die Juristen jetzt schon als Strafe die Verbannung vor, wobei der Mann zuvor vom Scharfrichter auf den Pranger gestellt werden sollte.

Tatsächlich verliefen auch die letzten Verhöre ergebnislos, und der Rat war der Meinung, sie hätten aufgrund der eingestanden Taten eine Leibesstrafe verdient. Man zog aber die Milde der Schärfe vor, und in Ansehung des hohen Alters, des *inständigen Bittens und Flehens* und dem Versprechen dieses große Laster abzulegen, wurde ihre ewige Verbannung aus dem Stadtgebiet ausgesprochen. Hans Wimmer und Maria Keyser wurden nach geschworener Urfehde, dem Verzicht auf Rache, vom Scharfrichter beim Nördlinger Tor hinausgeführt. Die inhaftierte Keysertochter und ihre Schwester sollten ebenfalls *alsbald aus der Stadt geschafft werden*.

(Stadtkammertagebuch 18., 29. April, 2. Mai 1689.)

### 1689  Margaretha Saidel

*... das Fieber bekommen ...*

**Bezichtiger** *Amtsbürgermeister*
**Ursache** *Fieber*
**Urteil** *Verweis*

Margaretha Saidel, genannt Saidel Maigel, hatte einen Brei an-
gesetzt und ihn dem Hund des Amtsbürgermeisters zum Fressen gegeben. In der Ratssitzung vom 12. Juni 1689 brachte der
Amtsbürgermeister vor, davon habe sein Hund und *hernach
auch das kleinere Kind das Fieber bekommen*. Deshalb forderte
er von ihr Genugtuung.
Der Innere Rat ordnete an, weil von ihr *keine Segen oder Sprüch
dazu gebraucht worden* seien, solle ihr auf der Rathauskanzlei
ein Verweis erteilt werden.

### 1690  Dienstmagd von Dr. Ulner

*... Trudt, Hex etc. ...*

**Bezichtiger** *Metzger Melchior Sayler*
**Ursache** *Marktstreit*
**Urteil** *Unbekannt*

In der *Metzig,* im Fleischhaus am Ledermarkt, hatte die Dienstmagd des Stadtjuristen Dr. Ulner Fleisch gekauft. Das Stück, das ihr der Metzger Melchior Sayler reichte, wollte sie nicht nehmen. Wie der *Schleifer* Hans Bäuerle, der Stadtpolizist, in der Ratssitzung am 6. September 1690 pflichtgemäß vorbrachte, habe Melchior Sayler sie daraufhin *Trudt, Hex etc.* geheißen. Er habe das Fleisch in die Hand genommen und es ihr ins Gesicht gedrückt, dass *das Blut aus der Nasen geloffen* und sie vom Knochen einen Ritzer *über den Backen bekommen* habe. Dies war am Tag zuvor im Fleischhaus geschehen, *einem privilegierten Ort*, wo ein besonderes Friedensgebot bestand. Der Innere Rat ordnete an, den Metzger Melchior Sayler, die Dienstmagd und den Schleifer auf der Rathauskanzlei zu vernehmen. Weiteres ist zu dem Fall nicht bekannt.

**1691 *Gold Engele***

*… eine Hex gescholten …*

**Bezichtiger** *Büttner Jacob Deg*
**Ursache** *Unbekannt*
**Urteil** *Unbekannt*

In der Ratssitzung am 28. Mai 1691 trug der Amtsbürgermeister vor, dass sich das sogenannte Gold Engele über den Büttner Jacob Deg beschwere. Dieser habe sie in Ellwangen *am letzten Aalener Markt eine Hex gescholten*. Er habe gesagt, wenn sie *nur vollends katholisch wäre, so würde sie ohnedem verdammt* sein. Der Rat ordnete an, sie auf der Rathauskanzlei darüber zu vernehmen. Weiteres ist zu dem Fall nicht bekannt.

### 1696 Töchterlein von Bürgermeister Held
*... junges Hexlein und Teufelein geheißen ...*

**Bezichtigerin** *Frau vom Land*
**Ursache** *Marktstreit*
**Urteil** *Geldstrafe*

Eine Frau vom Land, ein *Bauersmensch* von Gerbertshofen, bot auf dem Dinkelsbühler Markt Wachs zum Verkauf an. Als das Töchterlein von Bürgermeister Held im Auftrag seiner Mutter nach dem Preis fragte, antwortete die Frau *mit losen Reden* und nannte sie *ein junges Hexlein und Teufelein*. Zur Strafe musste sie an die Stadtkammer 2 Gulden zahlen. (Stadtkammertagebuch 31. März 1696.)

### 1697 Mallebäuerin
*... von bösen Leuten zu Tode geritten ...*

**Bezichtiger** *Hospitalmeister Ness*
**Ursache** *Tiertod*
**Urteil für den Bezichtiger** *Bezahlung*

Hospitalmeister Ness erzählte herum, dem Spital sei ein *Hummel* (Zuchtstier) und ein Kalb *von bösen Leuten zu Tode geritten* worden. Er sagte, der Spitalhirte habe daraufhin vom Spitalschreiber ein Tischtuch verlangt, habe alles, *was er unrechts im*

*Stall gefunden* habe, hineingetan und stark geprügelt. Die gesund gewesene sogenannte Mallebäurin sei danach *am Leib ganz blau* im Bett liegen geblieben. Die zwei Ratseiniger, die vom Rat bestimmten Gerichtsherren, trugen in der Ratssitzung am 12. April 1697 vor, der Hirt gestehe zwar, dass vor ungefähr 14 Tagen der Hummel aufgestoßen habe, und er geglaubt habe, *dass es ein Hexerei sei*. Er habe ein Tischtuch um den Hummel gelegt, und nachdem der Schweiß gekommen sei, habe er das Tischtuch wieder abgenommen und *mit einem Lattenstück stark darauf gestoßen und geschlagen*. Das sei jedoch bereits vor 14 Tagen geschehen, während die Mallebäurin erst vor zwei Tagen bettlägerig geworden sei. Es könne also nicht davon herrühren. Der Rat ordnete an, die Mallebäurin durch den Stadtarzt im Beisein eines Kanzlisten zu visitieren, um ihren Zustand festzustellen. Wie sich zeigte, war die Bäuerin unverletzt.

Eine Woche später wurde in der Ratssitzung am 22. April nebenbei angefragt, wer die *Visitationskosten* bezahle solle. Der Hospitalmeister behauptete nämlich, er habe nicht gesagt, dass die Mallebäurin am Leib ganz blau sei. Der Rat beschloss, weil der Hospitalmeister ungleich aussage, wie er selbst nicht leugnen könne, solle er die Visitationskosten bezahlen.

*1699  Tochter des Steuerschreibers Stromer*
*Frau des Tuchmachers Matthes Michel*
*der Posthalter*
*der junge Bortenwirker Discher*
*der Bezichtiger selbst*
*dessen Mutter Barbara Müller*
*… geist- und weltliche Obrigkeit belogen und betrogen,*
*auch den Leuten die Ehr abgeschnitten …*

*Bezichtiger* Säcklergeselle Hans Georg Müller (Sohn von Barbara und Stephan Müller, vgl. den Fall 1666/67)
*Ursache* Gerede, Wichtigtuerei
*Urteil* Abbitte, Pranger, Maulschelle, mittelmäßig die Rute

Der Säcklergeselle Hans Georg Müller hatte mehrere Personen schlecht gemacht. Der Geldbeutelmacher wurde festgenommen und sagte im zweiten Verhör aus, der Teufel habe ihn leibhaftig von seiner Fessel gelöst, dann die Hand gegeben, sich mit ihm verbunden und gesagt, er wolle ihn *noch zehn Wochen lang quälen* und dann aus seinem Leib in den Leib von seinem *ärgsten Feind fahren*.

In der Ratssitzung am 4. August 1699 wurde nach Verlesung der Verhörergebnisse angeordnet, der evangelische Diakon Johann Gottfried Wernher solle einen schriftlichen Bericht über das machen, was Müller ihm über des *Steuerschreibers Strömer Jungfrau Tochter* und des Tuchmachers Matthes Michel Eheweib *mit dem Posthalter* anvertraut hatte. Die Geistlichen wollten sich jedoch aus der Sache heraushalten. Diakon Wernher wollte weder schriftlich noch mündlich etwas mitteilen, weil Müller *ihm die Sach* als Beichtgeheimnis anvertraut hatte. Und Pfarrer Willius, der sich zu Müllers Verhörprotokoll äußern sollte, ließ sich entschuldigen, er könne wegen *einem Mangel am Fuß* nicht *wohl gehen*. Zugleich wurde den evangelischen Geistlichen untersagt, künftig mit Müller etwas anderes zu reden, als *was ihm seelennützlich und -dienlich sei*.

Der Säcklergeselle Müller wurde *in ein anderes Gefängnis gesteckt und mit Eisen und Banden gefesselt*. Nun wurden auch seine Mutter Barbara Müller und der junge Bortenwirker Discher *fleißig examiniert*.

Sie und auch andere von Müller genannte Personen machten jedoch keine brauchbaren Angaben. Deshalb ordnete der Rat eine Gegenüberstellung Müllers mit seiner Mutter an, wenn dies erfolglos bliebe, müsse der Müller mit der Folter *ernstlich angegriffen werden*.

Eine Woche später gaben die Ratsjuristen aufgrund der *Gutachten* der evangelischen Geistlichen Wernher und Willius sowie Müllers Verhöraussagen ihre Meinung ab. Es wurde beschlossen, Müller *schärfer zu examinieren,* und die Frau von Bürgermeister Eiselein zu verhören*, was sie mit dessen Mutter Barbara Müller geredet hatte.

Als der Rat nun auch die Mutter Barbara Müller einkerkern wollte, kam der Einwand, dann müsse ihr Mann Stephan Müller, der *tödlich krank darnieder liege, notwendig jemanden haben*, der ihm aufwarte. So beschloss man, zunächst nur eine Befragung vorzunehmen und den alten Müller vom Hospital aus *mit warmer Speis* versorgen zu lassen.

In der Woche darauf wurde die Aussage des Vorsingers Sebastian B. verlesen. Müller habe ihm erzählt, *der Teuffel wäre ihm wie ein Kavalier erschienen* und habe *ihm schönes und gutes* Geld gezeigt und gesagt, er wolle ihn von *Banden und Eisen* losmachen, wenn er sich dem Teufel ergebe. Aber Müller habe nicht gewollt.

Die Juristen schlugen vor, Hans Georg Müller *mit dem Stäupbesen* hinauszutreiben und zu verbannen oder *vollends die zehn Wochen* im Gefängnis lassen, wie es ihm der Teufel angeboten hatte.

Ende August schlugen dann die Juristen vor, Müller zu bestrafen, weil er zwei wesentliche Punkte weiter gestehe, nämlich seinen Teufelspakt und die *Ausstreuung der Hostien*. Man solle Müller die von ihm selbst genannte Zeit im Gefängnis bleiben lassen, danach solle man die Akten an *eine unparteiische Juristen-Fakultät schicken* und ein Gutachten einholen.

Doch überraschend wurde in der Ratssitzung am 22. Oktober vorgetragen, dass Müller *alle seine ehemals getane gerichtliche Aussage* widerrufe und sage, *dass alles nicht wahr sei.* Der Rat ordnete an, es *solle dem Hans Georg Müller der Henker nochmal vorgestellt und ernstlich examiniert werden,* um die Wahrheit zu finden. Tatsächlich blieb Müller bei seinem Widerruf.

Infolgedessen reichte der Steuerschreiber Strömer sogleich eine Bittschrift ein, Hans Georg Müller habe fälschlich ausgesagt und seine Tochter grob beleidigt, er forderte *gebührende Satisfaktion.*

Am Monatsende fragten die Ratsjuristen an, ob Müller *nur mit dem Scharfrichter zu schrecken oder aber dem der Daumenstock anzulegen* sei. Davon wollte der Innere Rat absehen, man wollte lieber die Fakten an *eine Universität* schicken.

Da Hans Georg Müller dabei blieb, er habe alles erlogen, er sei *niemals mit dem Teuffel besessen gewesen* brachten die Juristen ihr Urteil vor: Müller habe die *geist- und weltliche Obrigkeit belogen und betrogen, auch den Leuten die Ehr abgeschnitten.* Er habe *den Stäupbesen gar wohl verdient*, aber man wolle ihn wegen *seiner Jugend verschonen* und anrechnen, *dass er schon viel Wochen in Eisen und Band gelegen* sei. Es liege beim Rat, ob man Müller *mit der Landesverweisung alleinig strafen* oder im *Gefängnis nachdrücklich* züchtigen wolle. In beiden Fällen *müsse er denjenigen abbitten, denen er die Ehr abgeschnitten* und *in üblen Verdacht gebracht* hatte. Der Rat ordnete am 13. November an, ihn *eine ordentliche Abbitte tun* zu lassen, mit Ruten auszuhauen, und dann vom *Scharfrichter eine Maulschelle* geben lassen.

Obwohl einige Fürbitter das Gesuch stellten, den Säcklergesellen Hans Georg Müller aus dem Gefängnis zu entlassen, wurde das Urteil am 14. November vollstreckt. Er wurde an der Ratstrinkstube *auf den Pranger gestellt, das Urteil von der Trinkstuben abgelesen und er sodann mittelmäßig ausgehauen.* (Ratsprotokolle 4., 7., 12., 14., 21., 31. August, 22., 23., 30. Oktober, 6., 13. November 1699.)

\*\*\*

## Texthinweise

Die Archivalien des Stadtarchivs Dinkelsbühl sind am Textende eines Gerichtsfalls angegeben, es sei denn, es handelt sich um Ratsprotokolle, die im Text datiert sind. Kursiver Text ist Quellenzitat in angepasster Rechtschrift.

## Fotos

Fotos und Repros sind vom Autor, wenn nicht eigens angegeben. Die Quellentexte zu Bildern sind buchstabengetreu wiedergegeben.

## Dinkelsbühler Publikationen zum Thema

### Buchveröffentlichung

Arnold, Gerfrid: Hexen und Hexer in Dinkelsbühl, 192 S., 2006.

### Periodikum „Alt-Dinkelsbühl" der Tageszeitung Wörnitz-Bote bzw. Fränkische Landeszeitung

Greiner, Joseph: Hexenprozesse in Dinkelsbühl, 1929, S. 41-47.

Arnold, Gerfrid: Hexenprozesse, Strafmittel und Gefängnisse in Dinkelsbühl, 2002, S. 42-46.

Arnold, Gerfrid: Das Schicksal der Hexe Sibilla Biedermann in Dinkelsbühl, 2003, S. 3-6.

Arnold, Gerfrid: Zum Gedenken an die Opfer im großen Dinkelsbühler Hexenprozess vor 350 Jahren, 2006, S. 9-14.

Arnold, Gerfrid: Der „Spitzige Stuhl" – Ein Originalexponat des Historischen Museums aus dem Hexenprozess 1655/56, 2007, S. 17 f.

Arnold, Gerfrid: So könnt er's für kein andern halten, als für ein Drutten und Hexen" Der letzte Dinkelsbühler Hexenfall von 1699 in Oberkemmathen, 2007, 21-24.

Arnold, Gerfrid: „Tortur Rock" und „Strenge Frag" – Kriminalmittel des großen Dinkelsbühler Hexenprozesses 1655/1656, S. 2008, 22 f.

Arnold, Gerfrid: „Für jeden Kopf abzuschlagen – 3 Batzen und 1 Paar Handschuh" Was der größte Dinkelsbühler Hexenprozess 1655/1656 kostete, S. 2008, 23 f.

Arnold, Gerfrid: Erich Bauers Ballade „Die Hex", 2012, S. 9-11.

Arnold, Gerfrid: Nicht hingerichtete Hexen, Zauberer und Teufelsbanner der Reichsstadt Dinkelsbühl im 17. Jahrhundert, 2013, S. 9-26.

***

## Buchveröffentlichungen
### von
### Gerfrid Arnold

**Die Römer im Landkreis Ansbach**
**Geschichte, Wanderführer, Buchners Reise auf der Teufelsmauer**
Bebildert, Lageskizzen, Karten vom Autor; 112 S., 1982.

**Die Römer in Franken**
Fotos, Lageskizzen, Pläne, Quellentexte; 287 S., 1986.

**Dinkelsbühl. Eine mittelalterliche Stadt**
Fotos von Dietmar Vogel; Lageskizzen, Zeichnungen vom Autor; 263 S., (1988).

**Christoph von Schmids erbauliche und vergnügliche Jugend in Dinkelsbühl**
Bilder von Thomas Weisenberger; Kartenskizzen vom Autor; 171 S., 1990.

**Wegen der Kinder Schulzech**
Zeichnungen von Hans-Dieter Jakubowitz; Kartenskizzen und Repros vom Autor, Dinkelsbühler Quellenanhang; 346 S., 1994.

**Chronik Dinkelsbühl**
Zeichnungen von Dr. Herbert Schicketanz Bd.1-Bd.4; Bd. 5 bebildert vom Autor. Fotos, Kartenskizzen, Pläne vom Autor.

> **Bd. 1 Im Reich der Merowinger, Karolinger und Sachsen**;
> 222 S., 2000.
> **Bd. 2 Die Königsstadt. Salier - Staufer - Interregnum**; 212 S.,
> 2001.
> **Bd. 3 Die Reichsstadt. Von König Rudolf I. bis Kaiser Karl IV.**;
> 244 S., 2002.
> **Bd. 4 Die Stadtrepublik. Kaiser Karl IV. und König Wenzel I.**;
> 240 S., 2003.
> **Bd. 5 Mauern und Türme. Die Stadtbefestigung vom Königshof ins 21. Jh.**; 340 S., 2014.

**Hinter der Teufelsmauer**
**Sagen, Spuk, Legenden zwischen Dinkelsbühl und Wassertrüdingen**
Bilder von Anette Arnold; 268 S. (1999).
**Hexen und Hexer in Dinkelsbühl**
Reich bebildert vom Autor, Dinkelsbühler Quellentexte; 192 S., 2006.
**Dinkelsbühl für Kids. Lese-Stadtführer**
Illustrationen und Kartenskizzen vom Autor.
> **Weihnacht in Dinkelsbühl mit C. v. S.**; 136 S., 2004.
> **Ferien in Dinkelsbühl**; 160 S., 2005.
> **Geistertour in Dinkelsbühl**; 164 S., 2007.

**Juden in Dinkelsbühl**
Dinkelsbühler Quellenregesten; Repros von Archivalien, historische Fotos; 552 S., 2010.
**Dinkelsbühl. Menschen, Bilder, Impressionen**
Historische Fotos aus dem Stadtarchiv Dinkelsbühl; 96 S., 2011
**Evangelische Kirchen in Dinkelsbühl**
**Die Heiliggeistkirche in Dinkelsbühl. Die St. Paulskirche in Dinkelsbühl**
Fotos vom Bildarchiv Foto Marburg; Grundrisszeichnungen
des Autors; 40 S., 2011.
**Dinkelsbühler Hauslexikon**
**Architektur – Bewohner – Geschichte – Sagen**
Mit historischen Bauzeichnungen und Fotos, aktuelle Fotos vom Autor;
> **A-H**, 224 S., 2016.
> **I-M**, 232 S., 2017.
> **N-R**, 240 S., 2018.
> **S-W**, 300 S., 2019.

**Memorial der Laura Prochaska Meine Flucht aus Brünn 1945**
Deutsch-tschechische Familiengeschichte mit authentischem Bericht des To-
desmarsches; 96 S., 2017.
**Jan & Julia in Dinkelsbühl**
**Gruseltour – Stadttour – Christoph-von-Schmid-Tour**
Illustrationen und Kartenskizzen vom Autor; 244 S., 2018.
**Sagenhafte Orte. Hesselberg und Wassertrüdingen**
Mit Bildern von Anette Reitsch; 156 S., 2019.
**Dinkelsbühl Geschichte *light***
> **Die Judenschaft. Königreich Bayern, Weimarer Republik, III. Reich**
> Bebildert, 164 S., 2020
> **Die Stadtgeschichte.**
> Bebildert, 160 S., 2020